I enjoy sharing my books as I do my friends, asking only that you treat them well and see them safely home

DOMINIQUE GUILMOTEAU

DES ARBUSTES À FLEURS

toute l'année

Périodes de floraison
Techniques de culture
Taille, multiplication

Éditions RUSTICA

Périodes de floraison

ARBUSTES	J	F	M	A	M	J	J	A	S	O	N	D	pages
Cornouiller mâle (*Cornus mas*)	■	■											6 - 7
Cognassier du Japon (*Chaenomeles*)	■	■	■	■	■								8 - 9
Mimosa (*Acacia dealbata*)		■	■										10 - 11
Skimmia du Japon (*Skimmia japonica*)			■	■									12 - 13
Amélanchier du Canada (*Amelanchier canadensis*)				■	■	■							14 - 15
Pommier d'ornement (*Malus*)				■	■								16 - 17
Tamaris (*Tamarix*)				■	■								18 - 19
Weigelia (*Weigela*)				■	■	■							20 - 21
Cornouiller de Chine (*Cornus kousa*)					■	■							22 - 23
Buisson de beauté (*Kolkwitzia amabilis*)					■	■							24 - 25
Véronique arbustive (*Hebe* hybrides et espèces)					■	■	■	■	■				26 - 27
Zénobia (*Zenobia pulverulenta*)						■							28 - 29
Arbre à perruque (*Cotinus coggygria*)						■	■						30 - 31
Marronnier d'été (*Aesculus californica, A. pavia et A. parviflora*)						■	■						32 - 33
Ciste (*Cistus*)						■	■	■					34 - 35
Arbre aux anémones (*Calycanthus floridus*)						■	■	■					36 - 37
Lilas des Indes (*Lagerstrœmia indica*)						■	■	■	■	■			38 - 39
Arbre-aux-papillons (*Buddleja davidii*)							■	■	■	■			40 - 41
Céanothe remontant (*Ceanothus* hybride)							■	■	■	■			42 - 43
Clérodendron (*Clerodendrum trichotomum* et *C. bungei*)								■	■				44 - 45
Elsholtzia (*Elsholtzia stauntonii*)									■	■			46 - 47
Cératostigma (*Cerastostigma willmottianum* et *C. plumbaginoides*)									■	■	■		48 - 49
Eléagnus (*Elœagnus x ebbingei*)										■	■		50 - 51
Néflier du Japon (*Eriobotrya japonica*)	■										■	■	52 - 53
Mahonia (*Mahonia*)	■	■									■	■	54 - 55
Laurier-tin (*Viburnum tinus*)	■	■	■								■	■	56 - 57
Cerisier à fleur d'automne (*Prunus subhirtella* 'Autumnalis')	■	■	■	■							■	■	58 - 59
Jasmin nudiflore (*Jasminum nudiflorum*)	■	■										■	60 - 61
Chèvrefeuille d'hiver (*Lonicera fragrantissima* et *L. standishii*)	■	■	■									■	62 - 63

Introduction

Les arbustes sont des petits arbres dont la taille n'excède pas 7 m. Parmi eux, on classe les grands qui mesurent entre 3 et 7 m de hauteur, les moyens compris entre 1,50 m et 3 m et les petits qui vont du couvre-sol jusqu'à 1,50 m. Un autre critère peut préciser cette définition : l'arbuste est doté de plusieurs troncs dans sa forme naturelle, alors que l'arbre n'en possède le plus souvent qu'un seul.

Les arbustes tiennent une grande place au jardin. Sous l'égide des botanistes, épaulés par les pépiniéristes, de nouveaux arbustes sont introduits chaque jour dans les collections des jardins botaniques, puis dans les jardins d'essais avant de passer au stade commercial et de venir enfin orner nos jardins. Ce cycle prend une dizaine d'années, le temps de maîtriser toutes les caractéristiques botaniques et les techniques des nouvelles introductions.

Cet engouement pour les arbustes à fleurs s'explique aisément : demandant un minimum de soins, ils sont faciles à cultiver, ont une croissance rapide et une beauté à multiples facettes qui permet la composition de scènes colorées. La diversité de leurs fleurs, de leurs feuilles et de leur port offre au jardinier un choix important et de nombreuses possibilités.

La place des arbustes à fleurs au jardin

Les grands jardins d'autrefois pouvaient abriter de grands arbres. Aujourd'hui, dans les jardins modernes, de taille plus modeste, les arbustes sont rois. Leur petite taille leur permet de trouver leur place partout. Dans les jardins importants, quelques arbustes bien choisis et plantés sous de grands arbres recréeront un décor que l'on peut rencontrer dans la nature.

Pour définir les meilleurs emplacements, recourez à un plan et préparez quelques silhouettes d'arbustes en papier. Vous pourrez ainsi les déplacer sur votre plan pour essayer diverses combinaisons, ce qui vous évitera bien des erreurs et des travaux inutiles... Profitez de ce plan pour préciser au mieux les différentes expositions (ombre ou soleil).

Prenez en compte les dimensions des arbustes adultes, vous respecterez ainsi plus facilement les distances de plantation. Il faut un espace minimal pour obtenir un développement harmonieux des arbustes. Pensez-y au moment de la plantation et ne vous inquiétez pas des vides qui pourraient se créer, vous aurez tout le loisir de les combler avec des plantes vivaces, des bulbes ou bien encore des plantes annuelles qui vous assureront un décor estival.

Afin de donner une unité à votre jardin, évitez les plantations en isolé au milieu de la pelouse : votre paysage ne gagnera rien en beauté et la tonte de votre gazon se transformera en parcours d'obstacles. Préférez des plantations en groupe, qui associent les arbustes, jouez sur les formes et les différentes tailles et, bien sûr, étalez les floraisons à moins que vous ne conceviez votre jardin autour d'une période précise de floraison. Si vous souhaitez tout de même planter un sujet isolé, prévoyez un point d'intérêt en plus de celui de la floraison comme le port, le feuillage ou l'écorce : vous prolongerez ainsi le décor du jardin.

Les impératifs

Une fois le choix de l'arbuste établi, il faut tenir compte de certaines données incontournables.

La nature du sol. Les différents types de sol sont classés en fonction de leur pH, c'est-à-dire l'acidité ou l'alcalinité du terrain. L'échelle utilisée comporte quatorze graduations de zéro à quatorze, la neutralité est située à sept, l'acidité en dessous, l'alcalinité au-dessus. Les sols cultivables ont un pH compris entre cinq et huit et demi; au-delà et en dessous, il s'agit de végétation très particulière. On connaît le pH d'un sol en effectuant une analyse de celui-ci, soit par un laboratoire spécialisé, soit à l'aide d'un kit disponible dans les jardineries.

On peut aussi, par l'observation et l'esprit de déduction, découvrir la tendance d'un sol. Certaines plantes prospèrent uniquement en milieu acide, d'autres en milieu alcalin. Heureusement, beaucoup d'arbustes de jardin sont tolérants et apprécient une terre neutre, voire une légère tendance acide ou calcaire. Des amendements adaptés permettent de modifier le pH du sol, en chaulant pour remonter le pH, ou en apportant des amendements organiques à base de tourbe pour au contraire l'acidifier.

La rusticité. C'est le second facteur par lequel on reconnaît la résistance naturelle des arbustes aux conditions climatiques. En général, la rusticité est liée à l'origine de l'arbuste. Si votre choix se porte sur un sujet originaire des zones méditerranéennes et que votre jardin se situe dans le Jura, en altitude, vous risquez de rencontrer des difficultés...

Bien sûr, le travail des pépiniéristes a permis de sélectionner des formes plus rustiques et l'on voit dorénavant des sujets réputés peu rustiques dans des régions continentales. L'endroit choisi pour la plantation est alors une situation protégée, comme il s'en trouve dans tous les jardins. Par exemple, un mur bien exposé, qui emmagasine la chaleur et limite les effets du froid, va permettre de cultiver une espèce fragile. À la belle saison, cette exposition permettra de hâter la floraison, voire la fructification.

Inversement, pour les plantes sensibles à la chaleur ou au dégel trop rapide, une exposition plutôt ombragée, orientée au nord, va ralentir le dégel et éviter des dégâts. C'est une situation favorable pour les arbustes à feuillage persistant qui doivent subir les rigueurs de l'hiver. Afin d'aider vos plantations à résister à l'hiver, il faut par ailleurs améliorer le drainage du sol. Incorporez pour cela à la terre du sable et des graviers.

La plantation

Muni de ces conseils, vous pouvez maintenant passer à la plantation. Voici quelques rappels. Vous trouverez dans le commerce de plus en plus d'arbustes dits "en conteneur" ; cette formule moderne permet de conserver les plantes dans de bonnes conditions en attendant la plantation. C'est le choix que nous vous conseillons.

Certains arbustes sont parfois livrés à "racines nues", c'est-à-dire sans terre autour des racines : il faut, dans ce cas, les planter rapidement pour éviter le dessèchement de celles-ci. Si la plantation est retardée, il faut les placer provisoirement en jauge, dans un coin du jardin.

Quelques semaines avant la plantation, pratiquez un bon bêchage et profitez-en pour nettoyer le sol des racines de mauvaises herbes comme des grosses pierres. C'est aussi à ce moment-là que vous pourrez amender votre sol et au besoin apporter une fumure de fond. Le sol préparera ainsi les éléments dont les plantes auront besoin. Un fois le sol "assis", vous pourrez planter en respectant les indications suivantes.

- Plantez à l'automne de préférence, si vous avez des arbustes à racines nues, tant que le froid n'est pas arrivé.
- Habillez (c'est-à-dire raccourcissez au sécateur) les racines et les branches des sujets à racines nues, cela facilitera leur reprise.
- Vous pouvez planter les sujets en conteneur aussi bien à l'automne qu'au printemps, en veillant tout de même à ne pas dépasser certaines dates au-delà desquelles les chances de reprise deviennent plus réduites. Ne dépassez pas le mois de mai, pour le printemps, et évitez janvier et février, pour la période hivernale.
- Faites tremper les mottes et, sans les briser, défaites une partie du chevelu des racines (qui ont tendance à tourner) pour faciliter l'apparition de jeunes racines plus actives.
- Ménagez une large cuvette autour du trou de plantation, elle permettra un bon arrosage, indispensable après la mise en place de l'arbuste même si le temps est pluvieux. Cet apport d'eau va permettre, en plus d'assurer l'arrosage, de chasser l'air qui serait resté emprisonné dans le sol. N'hésitez pas à apporter une dizaine de litres d'eau au minimum et poursuivez ces arrosages une fois la végétation reprise, surtout durant l'été.
- Faites un paillage avec du compost ou des déchets de tonte, le sol sera maintenu frais et facilitera la reprise, surtout chez les persistants.

L'entretien

Une fois la reprise assurée, il faut entretenir les arbustes : ces opérations ne seront pas trop prenantes dans la mesure où elles seront effectuées régulièrement.

L'arrosage. Pour de jeunes plantations, un arrosage régulier est primordial surtout la première année. Par la suite, les arrosages s'espaceront jusqu'à être complètement suspendus, sauf en cas de sécheresse. Préférez des arrosages en profondeur avec des apports massifs d'eau : les racines pourront ainsi s'enfoncer et, en cas de sécheresse, elles trouveront l'eau nécessaire en profondeur.

Le binage. Le proverbe affirme : "Un binage vaut deux arrosages". Binez donc tout autour de l'arbuste, sur 1 m de circonférence environ pour limiter l'évaporation du sol et, en même temps, désherber.

Les engrais. Bêchez régulièrement pour éviter le tassement du sol et favoriser son aération. Profitez-en pour faire un apport d'engrais, sauf l'année de la plantation où vous aurez pris soin de distribuer une fumure de fond. Utilisez un engrais complet spécial arbuste, ou spécial massif, en évitant les formules trop azotées qui favoriseront le développement du feuillage au détriment des fleurs. Si vous disposez de fumier, faites-en des apports réguliers, mais ne l'utilisez pas trop tôt.

La taille. C'est la dernière opération d'entretien et elle ne doit pas vous inquiéter outre mesure : il suffit d'observer attentivement la plante, de respecter sa forme, de regarder sur quels bois elle a fleuri, à quelle période, sur quels types de branches, etc. Évitez les tailles sévères, qui défigurent les arbustes sans pour autant les aider à fleurir. Taillez au printemps, juste après la floraison qui est précoce, les arbustes qui fleurissent sur le bois émis l'année précédente. Taillez en automne, après la floraison ou en fin d'hiver – ce qui permet de mieux sélectionner les bois à éliminer – ceux qui portent leurs fleurs sur le bois de l'année.

Profitez de la taille pour supprimer les branches disgracieuses, les rameaux chétifs ou limiter le développement des gourmands. Enfin, si vous avez oublié de tailler au bon moment, attendez la saison suivante car si vous taillez trop tôt ou trop tard, vous risquez de supprimer les rameaux qui donneront les fleurs.

Les traitements. Les arbustes, comme les autres plantes de jardin, peuvent être attaqués par des parasites ou des maladies. Une surveillance régulière permet souvent de limiter les dégâts et les traitements. En plus des ravageurs classiques, certains arbustes ont des parasites que l'on peut qualifier de spécifiques, connus et décrits dans les ouvrages spécialisés. En cas de doute, n'hésitez pas à demander conseil à votre pépiniériste. Certains champignons parasites, comme le pourridié ou le feu bactérien, difficilement décelables, sont durs à détruire. Là encore, les conseils d'un spécialiste seront les bienvenus. Contre les champignons plus classiques, comme l'oïdium, la rouille ou le botrytis, les produits du commerce donnent de bons résultats.

La multiplication

Pour répondre aux besoins de votre jardin ou accéder aux demandes de vos amis, vous pourriez avoir envie de multiplier un arbuste. Pour obtenir de nouveaux plants, vous disposez de trois modes de multiplication : le semis, le bouturage, le greffage.

Le semis est la méthode la plus facile, la plus longue et aussi la moins fidèle, car elle n'est valable que dans le cadre d'une espèce sauvage ou d'une hybridation reconnue. Si vous souhaitez semer des graines d'arbustes, il y a quelques "trucs" à savoir.

• Si la graine présente une enveloppe épaisse, il faut la stratifier, c'est-à-dire la placer dans du sable maintenu humide pour ramollir l'enveloppe et favoriser ainsi la levée. On procède en automne et en hiver pour semer au printemps. La stratification se fait à froid, le mieux étant de laisser les récipients à l'extérieur car cela favorise le phénomène de vernalisation (interruption de la dormance de la graine, par le froid ou le chaud selon les cas).

• Les graines d'arbustes mettent un certain temps à lever : soyez patient! Semez de préférence en terrine, dans un endroit frais du jardin, et veillez à maintenir une légère humidité.

Le bouturage, qui conserve les caractères d'origine de la plante, permet de multiplier un plus grand nombre d'espèces. Les techniques sont nombreuses, chaque plante ayant des caractéristiques propres : elles portent sur le type de bouture, la période d'intervention, le mélange favorable, la durée d'enracinement, etc. Pour nos arbustes, on utilise surtout le bouturage de tiges semi-ligneuses, dites "aoûtées" en raison du fait qu'elles parviennent à ce stade durant le mois d'août.

Pour favoriser la réussite de vos boutures, utilisez des hormones d'enracinement. Pour permettre aux jeunes plants de se développer, aménagez un coin du châssis pour les abriter du froid.

Le greffage est la technique la moins employée pour l'obtention des arbustes, surtout par les amateurs. Elle requiert plus d'expérience et nécessite la culture d'un porte-greffe adapté. On l'utilise lorsque le semis et le bouturage ne donnent pas de résultats satisfaisants. Dans le cas de nos arbustes, elle est réservée à quelques espèces qui exigent des sols spéciaux, et dont la culture est peu compatible avec les conditions que l'on rencontre dans un jardin classique.

La sélection qui suit est établie selon l'intérêt de la floraison dont la période est clairement indiquée. Cela vous permettra, tout au long de l'année, d'agrémenter votre jardin de couleurs et de parfums exemplaires.

LE CORNOUILLER MÂLE

Cornus mas

On le trouve çà et là, naturalisé dans les haies sauvages de nos campagnes. Arbuste rustique, le cornouiller mâle est cultivé pour ses fleurs, jaune clair, qui apparaissent en hiver, son feuillage décoratif et son écorce colorée.

Le C. mas 'Variegata', avec ses feuilles panachées de blanc, est la variété la plus fructifère.

Le feuillage délicatement teinté de jaune du cornouiller mâle 'Aurea' verdit pendant l'été.

ILLUSTRATIONS M.- P. BOISSON

Origine

Natif d'Europe centrale et du Sud, le *Cornus mas* est cultivé depuis des temps immémoriaux pour son élégance et sa rusticité. Nos ancêtres en faisaient des confitures, car les petits fruits rouges sont juteux. Les Orientaux, aujourd'hui encore, en tirent un sirop proche de la grenadine. On le surnomme aussi l'arbre du jardinier car, outre ses fruits, on utilise aussi son bois, non pas pour le chauffage, mais pour en faire des plantoirs. Cet arbuste produit en effet de nombreux "coudes" qui, coupés au bon endroit, formeront de beaux plantoirs comme vous n'en trouverez plus dans le commerce.

Variétés

C. mas 'Aurea' : la moins rustique, à feuilles dorées qui verdissent pendant l'été.

C. mas 'Elegantissima' : aussi appelée 'Tricolor', au feuillage marginé d'argent, avec une teinte rosée à maturité.

C. mas 'Variegata' : de bonne croissance, panachée de blanc, est la plus fructifère.

FICHE D'IDENTITÉ

Dimension : 5 m à l'âge adulte (20 ans), envergure moyenne : 3 m.

Croissance : rapide mais tend à se ralentir avec l'âge.

Aspect : de port plutôt dressé prenant par la suite l'aspect d'un petit arbre s'arrondissant avec les années. Branches nombreuses et opposées. Feuilles ovales de 4 à 5 cm de long, vert moyen, avec un aspect parfois grisé, de couleur bronze à l'automne.

Floraison : en janvier-février, parfois jusqu'en mars, sur les tiges nues. Fleurs nombreuses, jaune clair, réunies en ombelles de forme sphérique, chacune portée par un pédoncule poilu.

Fruits : minuscules cerises rouges, acidulées et comestibles, les années favorables, ou lorsqu'il est planté dans un endroit abrité.

Sol : à tendance calcaire, mais donne bien en tout sol, pourvu qu'il ne soit pas trop acide.

Climat : n'apprécie ni la sécheresse, ni les sols trop humides.

Exposition : mi-ombre. Éviter les situations ventées, qui réduisent son temps de floraison.

Résistance : bonne à la pollution, il ne connaît pratiquement aucune atteinte de parasites ou de champignons.

Plantation

De novembre à mars, en dehors des périodes de gel ; au printemps dans les régions froides, dans un endroit partiellement ombragé.

Taille

Il n'y a pas de taille de floraison ni de fructification. Taillez-le en mars, après la période de floraison, si vous souhaitez lui donner une silhouette nette ou dégagez le tronc pour lui donner un air de petit arbre.

Multiplication

Semez les graines en août ou septembre sous châssis froid, en pots ou terrines remplis de terreau. Les graines peuvent mettre 18 mois à germer. Repiquez les plantules individuellement en pots de 8 cm ; les transplanter plus tard en couches de multiplication. Attendre deux ou trois ans avant de les planter en pleine terre. On peut aussi le multiplier à partir de boutures à talon semi-aoûtés, de 8 à 10 cm, en juillet ou août. Marcotter les longs rejets en septembre et les séparer de la branche mère au bout de deux ans.

ARBUSTES À FLEURS

LE CORNOUILLER MÂLE

P. PERDEREAU

Floraison en janvier-février

LE COGNASSIER DU JAPON
Chaenomeles

Les cognassiers du Japon ont des floraisons précoces éblouissantes. Proches parents des cognassiers à fruits* (Cydonia), *ils étaient rattachés à cet arbuste mais ils composent maintenant un genre indépendant : les Chaenomeles.

J. LE BRET/RUSTICA

Idéal en rocaille, le Chaenomeles x superba *'Nicoline' au port rampant vous donnera une brillante floraison rouge vif.*

Origine

Dans nos jardins, on rencontre deux à trois espèces venant de Chine ou du Japon et de nombreuses autres variétés horticoles.

Espèces et variétés

Chaenomeles japonica est considéré comme le vrai cognassier du Japon. Il possède un port qui est largement étalé et sa taille adulte est de 90 cm. Les fleurs sont très abondantes, de couleur rouge brique, orange 'Orange Beauty' ou 'Sargentii' et un cultivar blanc crème 'Alba'.

Chaenomeles speciosa atteint 2 m et se trouve être à l'origine de nombreuses variétés actuelles. Sa floraison, un peu plus précoce, peut commencer dès le mois de janvier. On rencontre les variétés suivantes : 'Nivalis' blanc, obtenue par le célèbre horticulteur français Lemoine dans les années 1880, 'Umbilicata' rose, 'Rubra Grandiflora', rouge et d'autres encore.

Chaenomeles x superba, croisement entre les deux espèces précédentes, atteint environ 1 m à 1,5 m ; les fleurs sont nombreuses mais toutefois un peu plus tardives. Une des variétés les plus réputées est sans doute 'Crimson and Gold' cramoisi avec des étamines dorées et 'Firedance' rouge feu, obtenue par un horticulteur de la région d'Orléans du nom de Barbier en 1913.

FICHE D'IDENTITÉ

Dimensions : rarement plus de 2 m en hauteur et une envergure équivalente.
Croissance : relativement lente.
Aspect : le port général est étalé. Les sujets palissés sont très jolis et permettent d'admirer pleinement la floraison. Les rameaux sont épineux avec de nombreuses branches plutôt raides qui peuvent être utiles en haies défensives. Les feuilles sont simples, de taille moyenne, ovales, d'une belle couleur vert franc, elles donnent parfois quelques couleurs d'automne ; elles sont finement dentelées à l'inverse de celles des cognassiers à fruit.
Floraison : les fleurs peuvent être simples ou doubles, en forme de coupe, rouge, orange, saumon et, bien sûr, blanc. Un cœur d'étamines agrémente le tout d'une pointe de jaune. Elles apparaissent solitaires ou bien réunies en petits bouquets de janvier à avril pour *C. speciosa*, mars à mai pour *C. japonica* et *C. x superba*.
Fruits : les cognassiers à fleur produisent aussi des fruits mais de petites dimensions en forme de pommes.
Sol : presque tous mais pas trop calcaires. Préférez une terre à la fertilité modérée avec un bon drainage.
Climat : parfaitement rustiques, ils supportent les climats froids, même en montagne.
Exposition : ensoleillée ou légèrement ombragée ; pour les sujets palissés, un mur peu ensoleillé conviendra.
Résistance : les pucerons peuvent faire quelques dégâts. Au niveau des maladies, on trouve parfois des sujets atteints de taches noires sur le feuillage, dues certainement à un excès d'humidité ou à des mauvaises conditions de culture. Ils sont sensibles à la chlorose en sols calcaires mais ne craignent pas la pollution.

A. DESCAT/MAP

C. speciosa *'Nivalis' est une variété vigoureuse qui atteint près de 2 m et se couvre de fleurs d'un blanc pur.*

Plantation

D'octobre à mars dans un sol bien drainé et de préférence en plein soleil pour bénéficier d'une floraison généreuse.

Taille

Sur les sujets qui poussent librement, coupez les branches malformées ou indisciplinées qui poussent çà et là et déséquilibrent la silhouette de l'arbuste. Les sujets palissés seront taillés régulièrement ; après la floraison, réduisez les rameaux à deux ou trois yeux, en enlevant au besoin ceux perpendiculaires au mur de soutien. Cette taille provoque de nombreuses pousses qui, l'année suivante, porteront des fleurs.

ARBUSTE À FLEUR

LE COGNASSIER DU JAPON

A. DESCAT/MAP

Floraison de janvier à mai

LE MIMOSA

Acacia dealbata

Introduit en France au milieu du XIXe siècle, le mimosa est devenu le symbole de la Côte d'Azur, comme en témoigne Bormes-les-Mimosas. Il peut néanmoins être naturalisé, en situation abritée, sous un climat moins clément que celui de la Méditerranée.

J.-P. FERRERO/JACANA

*Les feuilles très courtes de l'***Acacia baileyana** *font ressortir ses fleurs.*

Origine

Le mimosa appartient au genre botanique des acacias, originaires de contrées subtropicales et tempérées chaudes des différents points du globe ; la moitié des espèces connues viennent d'Australie et de Tasmanie (île située au large de l'Australie). Les mimosas présentent la particularité de porter soit des feuilles pennées, soit des phyllodes (pétioles transformés en limbe), parfois les deux comme chez l'*Acacia* x *Hanburyana.* Le genre comporte des arbustes mais aussi de beaux arbres d'une trentaine de mètres de hauteur dans leur habitat naturel.

Espèces et variétés

On estime le nombre d'espèces entre 700 et 1 200, la classification est assez complexe à cause des nombreuses hybridations. *A. dealbata* 'Mirandole', 'Le Gaulois', 'Mireille' et 'Tournaire' sont les variétés les plus courantes. *A. baileyana* croisé avec la première espèce a donné 'Maréchal Joffre' et 'Bon accueil' est né du croisement d'*A. dealbata* avec *A. decurrens.*

FICHE D'IDENTITÉ

Dimensions : en général 6 à 8 m de hauteur pour 3 à 4 m de largeur. Dans les climats favorables, la taille peut être plus importante, 10 m et plus.
Croissance : très rapide tout au long de la vie de la plante.
Aspect : le feuillage penné de couleur vert-gris est très léger ; l'écorce est également décorative, elle est gris bleuté et lisse.
Floraison : réunies en bouquets globulaires, les fleurs sont munies de nombreuses étamines allongées qui leur donnent un aspect duveteux. Elles sont souvent parfumées.
Fruits : insignifiants.
Sol : les mimosas nécessitent des sols acides sauf s'ils sont greffés sur un porte-greffe adéquat. Le sol doit être parfaitement drainé.
Climat : de préférence doux ; ailleurs les protéger du froid. À proscrire dans les régions de montagne.
Exposition : le soleil est la meilleure exposition, ils toléreront une ombre très légère.
Résistance : guère au-delà de – 5 °C. Les parties aériennes sont endommagées par les gelées mais repoussent rapidement grâce à la vigueur de la plante. Il faut craindre les cochenilles, qui envahissent les rameaux et affaiblissent les plantes.

Plantation

Les mimosas ne prospèrent librement que dans les régions douces du Midi, de Bretagne, du Pays basque et de la côte atlantique ; ailleurs, vous devrez les préserver du froid. Choisissez un emplacement ensoleillé, un sol parfaitement drainé, à tendance acide. Le système radiculaire des acacias est important, il retient les sols sur les pentes abruptes. Préférez des sujets de 1 à 1,5 m, ce sont ceux qui reprennent le mieux.

Taille

Les mimosas ne requièrent généralement aucune taille, sauf pour limiter leurs généreuses extensions. Dans ce cas, procédez après la floraison en rabattant aux deux-tiers, mais pas plus, les branches les plus importantes.

Multiplication

Semez les graines au printemps, en terrine à une température de 16 °C environ. Repiquez les plants en pots individuels dans un mélange léger et tourbeux. Le bouturage se pratique pour les espèces dont les graines n'arrivent pas à maturité, il s'agit de boutures semi-aoûtées avec chaleur de fond. Le greffage est l'affaire des seuls professionnels, il sert surtout à adapter la plante à un sol défavorable, trop calcaire par exemple.

ARBUSTE À FLEUR

LE MIMOSA

P. PERDEREAU

Floraison en février - mars

LE SKIMMIA DU JAPON

Skimmia japonica

Les fleurs parfumées du skimmia durent deux semaines environ en mars ou avril. Cet arbuste est surtout intéressant pour ses fruits brillants, rouge orangé ou blancs, qui apparaissent à l'automne et persistent une bonne partie de l'hiver, voire même jusqu'au printemps.

LAMONTAGNE

Les fruits généralement rouges tiennent pendant plusieurs mois.

Origine

Le skimmia vient principalement du Japon et de la Chine, mais quelques espèces sont répertoriées en Inde et au Viêt-nam. Le skimmia est présent dans de nombreux jardins depuis son introduction en France au milieu du siècle dernier. On compte environ 8 à 10 espèces assez proches les unes des autres, toutes à feuilles persistantes.

Variétés

Largement multiplié par semis, le skimmia a donné de nombreuses variétés. Pour l'espèce qui nous intéresse, on en répertorie environ 25, dont très peu dépassent 1,20 m : *S. japonica* 'Fragrans', forme mâle aux fleurs plus odorantes que le type ; *S. japonica* 'Obovata', forme femelle aux feuilles larges mais surtout avec une fructification abondante et perdurant pratiquement jusqu'à la fructification suivante ; *S. japonica* 'Veitchii', dont les pétioles sont teintés de rouge et les fruits durent longtemps ; *S. japonica* 'Fructo-Albo', forme femelle aux fruits blancs ; *S. japonica* 'Keessen', forme femelle à floraison blanche et fruits rouges ; *S. japonica* 'Rubella', forme mâle au feuillage coloré de rouge en hiver, boutons floraux rouges s'ouvrant roses puis virant au blanc.

Plantation

Le skimmia est un arbuste de sol acide ; ce dernier doit être riche car, malgré sa croissance modérée, cet arbuste est gourmand. S'il n'est pas planté dans de bonnes conditions, il montre rapidement des signes de chlorose par jaunissement des feuilles. Il faut que le terrain soit léger et bien perméable car le skimmia ne supporte pas non plus les endroits humides. Placez vos skimmias de préférence au soleil ou à l'ombre légère mais pas dense, sous peine de n'obtenir qu'une maigre floraison, donc peu de fruits pour les plantes femelles.

Taille

Aucune taille n'est nécessaire, ni pour la fructification, ni pour la floraison. On peut tailler pour régénérer les plantes adultes en rabattant au niveau du sol les plus vieilles tiges.

Multiplication

Prélevez des boutures semi-aoûtées en fin d'été et placez-les sous châssis froid pour un enracinement hivernal. Il faut garder les boutures en culture près de trois années avant la mise en place définitive. Utilisez un mélange très sableux. Le semis peut se pratiquer avec des graines de l'année que l'on sème en terrine sous châssis froid.

FICHE D'IDENTITÉ

Dimensions : 1 m de hauteur et autant de largeur.

Croissance : la croissance est souvent lente mais elle dépend aussi de la richesse du sol ; la croissance devient moyenne en sol riche et bien préparé.

Aspect : celui d'un petit arbuste au port en boule, devenant relativement lâche avec le temps. Les feuilles persistantes sont épaisses et brillantes de vert foncé à vert clair, parfois teintées de jaune lorsqu'elles subissent un ensoleillement ardent. Les tiges sont peu ramifiées.

Floraison : en mars-avril, pendant deux semaines. Petites fleurs blanches réunies en panicules terminales de 8 à 12 cm. Très fréquemment parfumées. Fleurs mâles et femelles sur des plantes séparées. Pour obtenir des fruits, plantez un pied de chaque.

Fructification : très colorée, elle apparaît sur les plants femelles à l'automne. Fruits principalement rouges. Par sélection, on a obtenu des fruits blanc et orange. Ils présentent un aspect cireux, très brillant. Attention : ils sont toxiques.

Sol : acide , léger, et bien drainé.

Climat : bien rustique, le skimmia résiste sans problème à – 15 °C.

Exposition : soleil ou ombre légère mais pas d'ombre dense, qui interdirait la floraison.

Résistance : bien adapté à la pollution, on peut cultiver le skimmia en ville. On trouve régulièrement des skimmias en conteneur à placer sur son balcon ou sur une terrasse. Des attaques d'acariens sont possibles mais pas de pucerons grâce à leur feuillage épais et rigide. La culture en sol humide entraîne une décoloration sensible des feuilles.

ARBUSTE À FLEUR

LE SKIMMIA DU JAPON

LAMONTAGNE

Floraison de mars à avril

L'AMÉLANCHIER DU CANADA

Amelanchier canadensis

L'amélanchier du Canada intéresse les jardiniers pour sa floraison printanière des plus remarquables, suivie par des feuilles couvertes d'un fin duvet argenté. En automne, il revêt de belles couleurs dorées.

A. SCHREINER

Les petits fruits passent du rouge au noir à complète maturité.

É. CRICHTON

Les feuilles revêtent des couleurs or puis rouge vif en automne.

FICHE D'IDENTITÉ

Dimensions : environ 8 m de hauteur sous nos latitudes et dans de bonnes conditions ; dans leur pays d'origine, les amélanchiers sont un peu plus grands, souvent 15 à 20 m. L'étalement est proche de 6 m.

Croissance : rapide.

Aspect : le port est d'abord buissonnant mais, avec l'âge et après quelques tailles appropriées, sa silhouette devient celle d'un petit arbre. Il émet des rejets. Les ramifications sont légères et nombreuses.

Floraison : entre fin mars et fin mai en fonction du climat, pendant deux à trois semaines. Les fleurs sont blanches, réunies en grappe. L'aspect de l'ensemble est très aérien.

Fruits : comestibles, légèrement sucrés, on peut en faire des confitures. De couleur noire, ils sont mûrs en juin. L'importance de la fructification est fonction de la chaleur estivale.

Sol : nécessité d'un sol frais et non calcaire. En cas de sécheresse, faites un paillage pour conserver le plus possible de fraîcheur.

Climat : froid, cet arbuste résiste facilement à – 25 °C.

Exposition : préférez le soleil qui donnera tout son éclat à la floraison mais aussi aux couleurs d'automne.

Résistance : adapté à la pollution, l'amélanchier vient bien dans les jardins des villes pas trop petits. Il est rarement malade. Pendant les étés secs et chauds et par manque d'arrosage, les feuilles peuvent brunir, se recroqueviller et même tomber dans les cas les plus graves.

Origine

L'Amérique du Nord et, en particulier, le Canada sont les patries d'origine de l'*A. canadensis,* qui occupe les zones fraîches, les bordures de rivière. On compte 25 espèces, réparties en petits arbres et arbustes tous caducs aux feuilles rouges en automne et à fleur blanche pour les espèces sauvages. Cette espèce est cultivée depuis le XVIIIe siècle en Europe.

Variétés

Il existe quelques variétés relativement difficiles à trouver dans le commerce, beaucoup sont d'origine américaine : *A. canadensis* 'Micropetala', aux pétales étroits et de dimension plus réduite que le type ; *A. canadensis* 'Prince William', au port branchu et à l'abondante fructification ; *A. canadensis* 'Springtime', au port compact et ovale avec de belles couleurs d'automne ; *A. canadensis* 'Tradition', une variété de taille généreuse un peu plus précoce dans sa floraison.

Plantation

L'amélanchier du Canada demande des sols frais, acides, riches en humus, ne retenant pas trop l'eau. Cette espèce ne supporte pas le calcaire. Vous isolerez l'amélanchier ou le placerez en bosquet ; dans ce cas, vous les planterez par 3, en triangle, si le jardin est suffisamment grand. Il pourra être inclus dans une haie libre qu'il animera de ses fleurs et de ses couleurs d'automne. En sol lourd, n'hésitez pas à apporter des matières organiques et de la tourbe.

Taille

L'amélanchier ne nécessite pas de taille particulière, on peut toutefois retoucher la silhouette générale en supprimant les branches les plus basses et les moins vigoureuses. Lorsqu'il est jeune, supprimez certaines branches du centre du buisson pour l'aérer.

Multiplication

Il se sème aisément. Pratiquez à l'automne avec les graines de la saison, sous châssis froid, en terrines ou en pots. Repiquez en pépinière et élevez les jeunes plants avant leur mise en place. Ils émettent des gourmands que l'on peut prélever pour la multiplication, mais assurez-vous que les rejets ont bien les mêmes caractéristiques que le pied d'origine, car les pépiniéristes les greffent. Lorsque les sujets ont atteint 60 cm, taillez l'extrémité de la plante pour encourager sa ramification.

ARBUSTE À FLEUR

L'AMÉLANCHIER DU CANADA

P. PERDEREAU

Floraison de fin mars à fin mai

LE POMMIER D'ORNEMENT

Malus

C'est l'un des enchantements du printemps : dès la fin avril, le pommier d'ornement pare les jardins de son abondante floraison blanche ou carminée. En automne, il arbore de chaudes couleurs, ainsi que des fruits.

A. DESCAT/MAP

Les boutons rose foncé de **M. floribunda** *donnent des fleurs presque blanches.*

Origine

On trouve des espèces de *Malus* en Europe, en Asie, au Japon — avec le *M. floribunda,* plus connu sous le nom de pommier du Japon — et en Amérique. Mais les formes que l'on admire dans nos jardins ont depuis longtemps perdu leurs origines, les pépiniéristes ayant beaucoup travaillé ces arbustes qui offrent maintenant un large choix de variétés.

Espèces et variétés

Il y en a de nombreuses, toutes intéressantes. *M.* Coccinella® 'Courtarou', obtention de l'INRA, possède des fleurs simples rouges puis roses. *M.* Perpetu® 'Evereste' est rose en boutons mais s'ouvre blanc ; ses fruits colorés persistent une bonne partie de l'hiver. *M.* 'Crittenden' présente une floraison blanche suivie de fruits rouge très vif remarquables. *M.* 'Van Eseltine' est rose carné avec un feuillage bien brillant. *M.* 'Echtermeyer' est une forme à port pleureur aux fleurs rouges avec des reflets violets. *M.* 'Snowcloud' est une variété à fleurs doubles d'un blanc de neige, au feuillage vert foncé. *M.* 'John Downie' présente une floraison rose vif puis blanc rosé avec des fruits orange.

Il ne faut pas négliger quelques espèces comme : *M. floribunda,* le fameux pommier du Japon avec de belles fleurs rouges en bouton, rose pâle à l'éclosion ; *M. toringo*

LAMONTAGNE

Les fruits orangés, légèrement striés, de 'Evereste' sont très appréciés des grives.

var. *sargentii,* à fleurs blanches mais à caractère plutôt bisannuel pour sa floraison ; *M. tschonoskii,* fleurs simples blanches teintées de rose, ses fruits durent peu mais les couleurs d'automne sont très belles.

Plantation

Facile de culture, ce pommier préfère un sol légèrement acide — certains supportent cependant un peu de calcaire. Choisir un sol riche mais pas trop pour éviter le développement excessif du feuillage au détriment des fleurs. L'exposition sera ensoleillée pour obtenir les meilleurs effets de couleur des fruits et des feuilles à l'automne.

Taille

Aucune taille particulière n'est nécessaire, il faut veiller à la silhouette des sujets en supprimant les branches mortes ou entremêlées. Pour les variétés à forte fructification, maintenir une silhouette ouverte pour que tous les fruits profitent du soleil et se colorent suffisamment.

Multiplication

Le semis est peu pratiqué car il faudrait plusieurs années avant d'obtenir des fleurs. Il est plus judicieux de le réserver à la multiplication des espèces. Pour les variétés, la meilleure méthode est le greffage, soit en juillet-août (greffe en écusson), soit en mars-avril (greffe en fente).

FICHE D'IDENTITÉ

Dimensions : de 3 à 12 m, en fonction des espèces et variétés. Souvent greffé en tige ou haute-tige pour leur mise en valeur.

Croissance : elle est moyenne mais varie en fonction des variétés.

Aspect : très variable. La silhouette peut être ronde ou élancée avec des formes intermédiaires.

Floraison : l'arbuste est recouvert de fleurs qui éclosent en même temps qu'apparaît le feuillage, vert ou rouge. Ces fleurs dureront environ deux semaines si le temps n'est pas trop pluvieux car elles résistent mal à la pluie.

Fruits : décoratifs et différemment colorés de rouge et de jaune, en fonction des variétés. Les dimensions sont petites, de 2 à 5 cm de diamètre environ. Ils forment un élément du décor hivernal au jardin et assurent une pitance pour les oiseaux. Les fruits peuvent être utilisés pour faire des confitures ou des gelées, en les mélangeant avec des pommes.

Sols : presque tous, sauf ceux trop calcaires ou trop acides ; évitez les sols détrempés.

Climat : indifférent ; très résistant, le pommier d'ornement supporte sans souci les – 20 °C. Les printemps pluvieux lui sont défavorables.

Exposition : de préférence au soleil pour obtenir les meilleures coloris de fruits et de feuillage. Certaines variétés peuvent se placer à la mi-ombre dans la mesure où elles fructifient peu.

Résistance : il admet assez bien la pollution, on le rencontre souvent dans les jardins publics. Il souffre des mêmes maladies et parasites que le pommier à fruit ; les moyens de lutte sont identiques.

ARBUSTE À FLEUR

LE POMMIER D'ORNEMENT

C. PERDEREAU

Floraison fin avril-mai

LE TAMARIS

Tamarix

Les tamaris comptent environ 80 espèces d'arbustes qui composent des haies surtout en bord de mer. On distingue les tamaris à floraison printanière et ceux à floraison estivale. Les feuilles très courtes ressemblent à des aiguilles de genévrier.

Les fleurs de **T. parviflora** *(ici, la forme blanche) apparaissent avant le complet épanouissement du feuillage.*

Origine

On trouve le tamaris en Asie de l'Est, en Inde, dans l'ouest de l'Europe et, avant tout, dans les régions méditerranéennes. Il pousse dans les sols sableux, parfois salins, souvent exposés aux embruns.

Espèces

Tamarix tetrandra (T. africana) est l'une des formes les plus courantes. Elle est vigoureuse, le bois est presque noir. Le feuillage est vert et les fleurs rose vif.

De bonne taille, *T. juniperina (T. japonica, T. chinensis)* peut faire un petit arbre. Ses branches retombantes sont garnies de feuilles vert pâle. La floraison est rose. *T. parviflora (T. tetrandra* 'Purpurea'), espèce au bois coloré de brun ou de violet, feuillage vert brillant, fleurs rose foncé, est cultivée depuis très longtemps.

T. pentandra (T. ramosissima) présente des inflorescences de 5 à 8 cm de longueur, au mois d'août.

FICHE D'IDENTITÉ

Dimensions : environ 3 à 4 m à l'âge adulte, mais souvent moins, du fait des tailles répétées, destinées à conserver une silhouette agréable.

Croissance : elle est moyenne à rapide en fonction des conditions de culture.

Aspect : le bois des jeunes branches est souvent coloré de violet ou de noir. Les feuilles ont l'aspect d'aiguilles de conifère, mais beaucoup plus fines. On peut conduire le tamaris sur tige sans difficulté et sans greffage : choisissez un jeune plant bien droit, taillez-le en supprimant les pousses latérales et ensuite étêtez-le à la hauteur voulue.

Floraison : abondante. Les nombreuses petites fleurs blanches ou roses sont réunies en grappe légère. On peut compter sur trois semaines de floraison à condition qu'il ne pleuve pas trop.

Fruits : insignifiants.

Sol : non calcaire et parfaitement drainé, peut même être salin sans aucun inconvénient.

Climat : plutôt doux en raison des origines côtières du tamaris ; il supporte mal les températures inférieures à – 10 °C, mais résiste bien à la sécheresse, aux embruns et aux vents maritimes.

Exposition : elle sera ensoleillée ou très légèrement ombragée. En dehors des climats maritimes, méfiez-vous des vents froids. Évitez aussi de cultiver le tamaris dans les régions au climat rigoureux et humide, vous auriez peu de chance de le réussir.

Résistance : le tamaris résiste bien à la pollution ; il ne connaît pratiquement pas de parasites ni de maladies. Quelques problèmes de reprise surgissent parfois chez des sujets âgés.

Plantation

Cet arbuste s'intègre dans les haies libres, se place en arrière-plan dans les massifs ou, encore, s'utilise comme petit brise-vent ou isolé. Le sol idéal est léger à tendance sableuse et, surtout, non calcaire. Dans tous les cas, il doit être parfaitement drainé sous peine de voir les plants dépérir.

Taille

Elle intervient au printemps. En février-mars, pour les espèces à floraison estivale car les fleurs se forment sur le bois de l'année. Après la floraison, pour leurs cousines printanières, car elle se produit sur le bois de l'année précédente. Rabattez alors sévèrement les pousses ayant fleuri de façon à favoriser celles qui porteront les futures fleurs. Ces tailles n'ont aucun caractère obligatoire mais elles sont conseillées pour améliorer la silhouette du tamaris qui a tendance à s'allonger en vieillissant.

Multiplication

Le tamaris se multiplie essentiellement par bouturage de fin d'été avec des boutures prises sur des rameaux de bois lignifié.

Les boutures sont mises à raciner en sol très sableux avec peu d'arrosage. Elles seront élevées en pépinière durant une année avant leur mise en place. Il est également possible d'effectuer ce bouturage en mars-avril.

ARBUSTE À FLEUR

LE TAMARIS

P. PERDEREAU

Floraison à la mi-avril et en mai ou en août

LE WEIGELIA

Weigela

C'est un arbuste à fleur célèbre car il est réputé pour son abondante floraison. Le weigelia offre trois semaines de fleurs aux coloris brillants. En fait, il s'agit d'un* Weigela, *mais son nom commun compte un* i *supplémentaire pour faciliter la prononciation.

Les boutons rouges de 'Courtalor' s'éclaircissent en s'épanouissant.

Origine

Le weigelia de nos jardins est issu de multiples croisements, plus nombreux que les espèces. À l'origine de ces hybridations, on retrouve presque toujours le *Weigela florida.* Malgré son nom de baptême, il nous vient d'Asie, plus précisément de Corée, du Japon et de Chine.

Variétés

Weigela 'Bristol ruby' est une forme rouge très florifère surtout si elle est bien taillée. *W.* 'Candida' est blanc avec de grandes fleurs. Le feuillage reste bien longtemps sur l'arbuste, souvent jusqu'en décembre. Original, *W.* Carnaval® 'Courtalor' (notre photo) est une variété aux boutons rouges et aux fleurs roses et blanches. *W. florida* 'Purpurea' présente une floraison rose foncé posée sur un feuillage de couleur bronze. *W.* Lucifer® 'Courtared' est une nouveauté aux grandes fleurs atteignant jusqu'à 4 cm de diamètre d'un beau rouge éclatant. *W.* Briant Rubidor® 'Olympiade' est une forme au feuillage margé de jaune voire totalement doré et aux fleurs rouge carmin.

FICHE D'IDENTITÉ

Dimensions : le weigelia atteint environ 2,5 m de hauteur pour un étalement équivalent. Les sujets palissés sont en général plus hauts et beaucoup moins larges.

Croissance : rapide à moyenne en fonction des variétés. Un sol riche est nécessaire pour obtenir une bonne croissance.

Aspect : forme buissonnante avec de nombreux rameaux arqués. Les feuilles sont généralement d'un beau vert franc sauf chez les variétés à feuillage coloré. Quelques jolies couleurs d'automne.

Floraison : les fleurs solitaires ou réunies, dressées, ont une corolle en forme de trompette. Elles apparaissent tout au long des rameaux sur le bois de la saison précédente ou sur le bois de deux ans. Les coloris roses ou rouges sont vifs et brillants.

Fruits : petits fruits noirâtres présentant un certain intérêt hivernal, ils sont en général peu nombreux.

Sol : frais et riche de préférence, le weigelia est peu exigeant quant au pH (sol acide ou calcaire).

Climat : le weigelia, bien résistant au froid, supporte sans grand dommage – 25 °C. Les situations et vents froids ne le dérangent pas.

Situation : le soleil est la meilleure exposition ; mais la mi-ombre est admise, voire l'ombre pour un sujet palissé. Évitez le plein soleil pour les variétés à feuillage doré ou panaché.

Résistance : le weigelia est résistant à la pollution. Il convient donc aux jardins des villes, aux terrasses et tolère la proximité de grands axes routiers. Il ne souffre en général d'aucun parasite ou maladie spécifique.

Plantation

Utilisez-le en sujet isolé, dans les massifs d'arbustes ou, encore, en haie libre. Peu exigeant sur le sol, le weigelia pousse en toute terre correcte, même argileuse et lourde. Néanmoins, elle doit être fraîche et riche car cet arbuste se fatigue à force de fleurir abondamment.

Taille

La taille doit être régulière et intervenir au bon moment. Comme il fleurit sur le bois du printemps précédent, voire sur celui de deux ans, taillez juste après la floraison. Supprimez le vieux bois du centre de la touffe, au niveau du sol. Raccourcissez les branches ayant fleuri à quelques centimètres du vieux bois pour favoriser l'apparition de nouvelles pousses florifères. Régénérez les sujets âgés en taillant très court tous les bois. La floraison n'interviendra alors que deux années plus tard.

Multiplication

Le semis est peu utilisé, la plupart des hybrides ne fructifient pas. Le bouturage est le plus pratiqué et le plus rapide. En fin de printemps, prélevez des boutures à talon après la floraison et sur des rameaux n'ayant pas fleuri. Placez ces boutures dans un mélange léger et sableux, en situation ombragée. Ou encore, en fin d'automne, en choisissant des boutures bien aoûtées. Disposez-les sous châssis abrité ou, mieux, en serre pour l'hiver. Les boutures racinées sont élevées une année en pépinière avant leur mise en place définitive au jardin.

ARBUSTE À FLEUR

LE WEIGELIA

Floraison de la mi-avril au début juin

LE CORNOUILLER DE CHINE

Cornus kousa

Si vous adoptez un* Cornus kousa, *deux semaines de féerie vous sont promises en mai, lors de sa floraison. Il vous enchantera encore en automne avec une fructification rouge ressemblant à des fraises et de belles couleurs de feu.

LAMONTAGNE

Le cornouiller de Chine porte des fruits au bout de longs pédoncules.

Origine

Le *Cornus kousa* nous vient du Japon ; on en trouve aussi en Chine et en Corée. Il fut introduit en Europe vers 1875. Le genre *Cornus* compte environ 45 espèces.

Variétés

Il y a peu de variétés, en partie à cause de son introduction récente et de sa lenteur à s'établir avant de fleurir : *Cornus kousa* var. *chinensis,* forme plus vigoureuse, dont les bractées sont également plus blanches et plus grandes. On lui reproche, en revanche, un port en plateau moins marqué, mais il a une taille un peu plus élevée à l'âge adulte ; *Cornus kousa* 'Milky Way', une variété américaine dont les bractées sont réputées plus blanches, plus nombreuses, avec une coloration automnale plus prononcée ; *Cornus kousa* 'Gold Star', à feuillage en forme de cœur marqué d'une tache jaune ; *Cornus kousa* 'China Girl', à fleurs blanches assez tardives. Le feuillage n'est guère coloré en automne.

Plantation

Le cornouiller de Chine se plante de préférence en situation légèrement ombragée ; une exposition brûlante lui est fortement déconseillée et trop d'ombre nuirait aux couleurs d'automne de son feuillage. Les sols qu'il affectionne particulièrement sont acides, mais il peut donner de bons résultats en sol légèrement calcaire. Quel que soit le type de sol, il faut s'assurer qu'il reste frais ; en effet, le cornouiller n'aime pas la sécheresse. Les étés chauds et humides sont les plus favorables car ils permettent une bonne mise à fleur.

FICHE D'IDENTITÉ

Dimensions : environ 4 m de hauteur mais, dans de bonnes conditions, on connaît des sujets de 8 à 10 m. L'étalement atteint 3 à 4 m.
Croissance : elle est malheureusement lente, comme la mise à fleur. Pour accélérer celles-ci, les sujets sont très souvent greffés.
Aspect : c'est celui d'un petit arbre avec un port en plateau très remarquable. Les feuilles ont un revers gris et mat, elles sont vivement colorées en automne.
Floraison : les vraies fleurs ont peu d'intérêt, ce sont les bractées les entourant qui couvrent la silhouette de l'arbre comme la neige. Elles apparaissent généralement au mois de mai, tout au long des branches et mesurent de 3 à 5 cm de longueur. Le spectacle d'un *Cornus kousa* en pleine floraison est éblouissant.
Fruits : bien visibles, les fruits ont l'aspect de fraises. Attachés à de longs pédoncules, ils mûrissent en septembre et sont de couleur rouge.
Sol : neutre ou acide, mais le cornouiller de Chine peut supporter un sol très légèrement calcaire. Il doit toujours rester frais, même en été.
Exposition : ombre légère ou soleil atténué par de grands arbres.
Résistance : normalement assez facile à cultiver, le *Cornus kousa* ne convient pas dans les petits jardins, ni pour la culture en pots. Il faut compter de trois à quatre ans pour une bonne implantation. Il n'y a pas de parasites ni de maladies spécifiques à cet arbuste, qui est assez rustique.

A. DESCAT/MAP

Couleurs de feu à l'automne, durant trois ou quatre semaines.

Taille

Aucune taille n'est nécessaire et la grande lenteur de croissance incitera à la prudence avant toute intervention de taille.

Multiplication

La propagation de ce cornouiller n'est pas très aisée ; le semis est la méthode la plus sûre mais aussi la plus lente. Il faut préparer les graines avant le semis par stratification dans du sable bien humide ; la germination peut prendre plus de quinze mois. Les jeunes plants seront repiqués dès qu'ils seront manipulables. Le bouturage donne de bons résultats ; il faut prendre des tronçons de bois jeunes, d'environ 15 cm, mis à raciner sous abri avec une bonne humidité et, si possible, une chaleur de fond.

ARBUSTE À FLEUR

LE CORNOUILLER DE CHINE

A. SCHREINER

Floraison en mai-juin

LE BUISSON DE BEAUTÉ

Kolkwitzia amabilis

Vous préférez sans nul doute le nom commun, "buisson de beauté", pourtant peu connu, au nom latin dédié au professeur Kolkwitz. C'est ce dernier qui découvrit ce petit arbuste au port élégant qui se couvre d'une multitude de fleurs, pendant deux semaines.

N. ET P. MIOULANE/MAP

En automne, le feuillage prend des tons de feu durant quelques semaines.

Origine

Cet arbuste nous vient de l'ouest de la Chine où il est relativement rare ; il prospère entre 3 000 et 3 500 mètres d'altitude. Son introduction en Europe par Ernest Wilson remonte à 1901. Le genre *Kolkwitzia* ne comporte qu'une seule espèce : *K. amabilis.*

Variétés

Avare d'espèces, le buisson de beauté l'est aussi en variétés : on en recense deux mais elles sont souvent assimilées et considérées comme une seule variété.
Kolkwitzia amabilis 'Pink Cloud' reste la forme la plus fréquente. Les fleurs sont nombreuses, rose clair avec la gorge jaune et duveteuses. Cette variété a été obtenue au jardin anglais de Wisley.
K. amabilis 'Rosea' est très peu fréquente en culture, on la décrit comme plus foncée de couleur.

Plantation

Le *Kolkwitzia* s'utilise de préférence en isolé. Il réussit en situation ensoleillée, en sols fertiles et bien drainés, sinon il risque de dépérir en hiver par un excès d'humidité. Il pousse même dans les sols calcaires et un peu argileux. Il est assez gourmand, il faudra apporter régulièrement un bon engrais pour assurer son plein développement.
Cultivé en conteneur, il a toujours un aspect un peu malingre, mais rassurez-vous, il reprend rapidement un bon développement dès que le système radiculaire s'est bien implanté. Préférez une plantation hivernale qui assurera un bon enracinement avant d'affronter la sécheresse estivale.

Taille

Il n'y a pas de taille de floraison proprement dite, l'opération la plus fréquente consiste à supprimer le plus vieux bois des sujets, après la floraison, jusqu'à un tiers, en les rabattant à la base. Taillez aussi les branches chétives ou croisées qui nuiront à l'esthétique du sujet.

Multiplication

Le bouturage est la meilleure technique et aussi la plus rapide pour les multiplier. Dans le courant de l'été, prélevez des boutures dites à talon (avec un morceau de rameau perpendiculaire à leur base) sur des branches non fleuries. Placez-les à raciner dans un mélange de tourbe et de sable, sous châssis froid pour l'hiver. Au printemps, replantez les boutures enracinées en pépinière pour un nouveau cycle de culture ; mettez-les en place à l'automne.

FICHE D'IDENTITÉ

Dimensions : comptez environ 3 mètres. L'étalement au sol est moins important car les branches sont en général groupées et s'arquent gracieusement vers le sommet.
Croissance : elle est moyenne à rapide en fonction de la nature du sol, les sujets fleurissent jeunes.
Aspect : le port est buissonnant avec des tiges érigées et arquées. Les feuilles ovales, légèrement dentées et ciliées sont nombreuses et prennent de belles couleurs d'automne, lorsque l'exposition le permet. Le bois est décoratif en hiver avec son écorce qui se détache en lanières.
Floraison : en mai-juin, l'arbuste se couvre d'une multitude de petites fleurs semblables à celles du muflier, roses à gorge jaune, pendant environ deux semaines.
Fruits : gris brun contenant des graines translucides, ils présentent peu d'intérêt au niveau ornemental.
Sols : tout bon sol de jardin, riche et bien drainé. Le buisson de beauté peut se cultiver en sol calcaire.
Exposition : le soleil est la meilleure exposition, on obtient ainsi une bonne floraison et des couleurs d'automne plus vives sur le feuillage.
Résistance : cet arbuste affronte le froid jusqu'à – 25 °C. Il peut convenir en jardin de ville, mais en situation abritée. Préférez la culture en pleine terre ou dans un grand bac, car il se développe mal en petit pot. Généralement peu de ravageurs et de maladies ; les nouvelles pousses sont parfois endommagées par le froid mais elles sont rapidement remplacées par de nouveaux rejets.

ARBUSTE À FLEUR

LE BUISSON DE BEAUTÉ

C. FAVARDIN/JACANA

Floraison mai-juin

LA VÉRONIQUE ARBUSTIVE

Hebe *hybrides et espèces*

Les véroniques arbustives aux espèces et hybrides très nombreux forment de beaux buissons fleuris. Ils offrent des épis floraux dressés, plus ou moins grands en fonction des espèces et des variétés.

A. DESCAT/MAP

H. x andersonii ***'Variegata' est peu rustique, à réserver aux régions douces.***

Origine

Les véroniques arbustives nous viennent en majorité de l'hémisphère Sud, plus précisément de Nouvelle-Zélande. Le nom de genre est dédié à Hébé, déesse grecque de la jeunesse. Anciennement, elles appartenaient au genre *Veronica* dont elles ont gardé l'usage du nom commun.

Espèces et variétés

Elles sont assez nombreuses et aussi de parenté incertaine, en voici quelques-unes : *Hebe* 'Autumn glory', petite variété à feuillage rond coloré, les fleurs sont violettes et apparaissent tout l'été et à l'automne. *Hebe* x *franciscana* 'Blue gem', 1 m, généreuse floraison, est une variété de grand mérite et très solide, fleurs bleu brillant. *Hebe* 'Midsummer beauty' (photo page précédente) donne des épis floraux de bonne taille, violet pâle, feuillage à revers rougeâtre, très longue floraison. *Hebe salicifolia,* petits épis blancs, denses, feuillage étroit et vert clair. *Hebe* 'Simon Delaux', rouge cramoisi et feuillage rond. *Hebe* 'Bowles hybrid', une des variétés les plus rustiques, les fleurs sont lavande pâle bien détachées sur le feuillage un peu rougeâtre. *Hebe pinguifolia* 'Pagei' est de petite taille et porte un petit feuillage glauque surmonté de fleurs blanches, précoce et parfois remontante à l'automne.

Plantation

Les véroniques arbustives demandent des sols légers non asphyxiants qui permettront une bonne aération des racines. Le drainage devra être de bonne qualité pour assurer une résistance optimale des plantes en période hivernale. Le calcaire leur convient à condition qu'il ne soit pas trop associé à de l'argile : cela donnerait un sol tassé et retenant trop l'eau. Pour un bon aspect de la plante, nous vous conseillons d'arroser durant l'été afin d'éviter un feuillage terne et rabougri. Préférez une plantation printanière pour les espèces fragiles et les jeunes plants fleuris, ils auront plus de temps pour s'installer.

Taille

Aucune taille régulière n'est nécessaire, enlevez dès que possible les fleurs fanées. Les pousses chétives seront supprimées en avril pour favoriser l'émission de nouveaux rameaux qui amélioreront le port de la plante. Vous pratiquerez une taille sévère sur les plantes un peu fatiguées, en rabattant toutes les pousses au niveau du sol.

Multiplication

Le bouturage est tout indiqué ; la reprise est facile. Prélevez des boutures semi-aoûtées sur des tiges non fleuries, plantez-les dans un mélange de tourbe et de sable.

FICHE D'IDENTITÉ

Dimensions : 1,50 m de hauteur au maximum pour les grandes variétés mais il existe de nombreuses variétés de petite taille n'excédant pas 50 cm, que vous cultiverez en pot.

Croissance : elle varie selon les variétés, moyenne à rapide.

Aspect : buisson aux branches érigées bien raides ne prenant de la souplesse qu'avec l'âge. Le feuillage peut être rond, allongé ou ovale, vert moyen à vert foncé avec parfois quelques reflets pourpres.

Floraison : des grappes de fleurs plus ou moins longues. Les couleurs les plus fréquentes sont le blanc, le bleu, le pourpre. Les fleurs sont disposées à l'extrémité des pousses. La floraison intervient entre mai et septembre selon les espèces et les variétés.

Fructification : groupes de petites graines brunes, qui peuvent avoir un certain charme en hiver. Elles apparaissent rapidement après la floraison.

Sols : tout bon sol, pourvu qu'il soit drainé, ajoutez du sable si besoin. Le calcaire ne rebute pas ces arbustes.

Exposition : le soleil est le meilleur choix tant pour aider la floraison que pour favoriser l'aoûtement du bois et ainsi la résistance au froid.

Climat : ces arbustes ne supportent pas tous les climats, les véroniques résistent rarement à des températures inférieures à – 5 °C. C'est dire qu'ils ne peuvent pas être cultivés n'importe où, ni à n'importe quelle exposition.

Résistance : bien adaptés aux jardins urbains, ils supportent parfaitement la pollution. On recense parfois des atteintes de pourridié et des taches foliaires qui enlaidissent les plantes. Utilisez des fongicides systémiques et brûlez les végétaux atteints de pourridié, aucun soin n'est possible.

ARBUSTE À FLEUR

LA VÉRONIQUE ARBUSTIVE

J.-C. MAYER - G. LE SCANFF

Floraison de mai à septembre

LE ZÉNOBIA

Zenobia pulverulenta

Le zénobia est dédié à la reine Zénobie qui gouverna à Palmyre (dans l'actuelle Syrie), entre les années 266 et 272. De petite taille, le zénobia est agréable pour son feuillage couleur d'automne et pour la délicatesse de ses fleurs blanches.

Les fleurs en clochettes pendantes sont groupées à l'extrémité des pousses de l'année précédente.

N. ET P. MIOULANE/MAP

Origine

Le zénobia vient d'Amérique du Nord, plus précisément du sud-est des États-Unis. Il pousse dans les forêts humides, dans des situations protégées d'un soleil trop fort. Son introduction en Europe remonte aux années 1800. Proche des andromèdes et des leucothoes, le zénobia appartient à la famille des Éricacées. Il demeure peu répandu.

Variétés

Le genre zénobia ne comporte qu'une seule espèce *(Z. pulverulenta)*. Peu cultivé et stable, le zénobia n'a pas de variétés.

Plantation

On utilise le zénobia soit isolé, soit en premier plan des massifs de rhododendrons et autres arbustes de terre de bruyère. Le sol doit être acide ou neutre et frais, voire humide, mais sans excès. Maintenez chaque année un bon "paillis" organique, qui aidera le sol à garder son acidité. Ce type d'arbuste ne supporte pas le calcaire. L'exposition convenant le mieux est une situation mi-ombragée à ombragée, le zénobia étant sensible au soleil et à la chaleur. Évitez également les zones ventées et les courants d'air qui pourraient nuire au feuillage. Pour vos plantations, adoptez des plantes en conteneur, de 30 à 40 cm de hauteur, ce sont celles qui reprennent le mieux.

FICHE D'IDENTITÉ

Dimensions : comptez environ 1,20 m de hauteur sur autant de largeur.
Croissance : elle est moyenne dans de bonnes conditions mais peut se révéler assez lente si le sol et l'exposition ne sont pas réellement adaptés.
Aspect : c'est un petit arbuste avec un port en boule qui s'étale en vieillissant. Le feuillage est de petite taille, semi-persistant à caduc en fonction du froid qu'il subit. Les feuilles sont légèrement dentées et recouvertes d'une légère pruine bleuâtre qui met bien les fleurs en valeur.
Floraison : fleurs blanches en clochette comme le muguet, mais un peu plus grandes. Elles ont un parfum d'anis assez prononcé.
Fruits : ils sont insignifiants et sans aucun caractère décoratif.
Sols : le zénobia nécessite un sol acide et frais. Si le sol n'est pas adapté, notamment trop calcaire, des signes de carences apparaissent très rapidement, les feuilles jaunissent.
Climat : la résistance au froid du zénobia n'excède guère – 10 °C, il faut donc le réserver au climat assez doux.
Exposition : l'ombre ou la mi-ombre sont les meilleures situations car ces arbustes n'apprécient ni le plein soleil ni la chaleur.
Résistance : il n'y a pas de maladies spécifiques au zénobia. Il peut être atteint par les parasites classiques qui sévissent habituellement au jardin. Arrosez si le sol est sec.

Taille

Il n'y a pas de taille propre à favoriser la floraison. Les fleurs apparaissent sur les pousses de l'année précédente, il faudra donc toujours tailler après la floraison. Dès que la floraison est finie, supprimez les restes de fleurs pour maintenir un port compact. Sur les sujets âgés et cultivés dans de bonnes conditions, on peut envisager, pour les régénérer, de les rabattre afin de stimuler l'apparition de jeunes pousses beaucoup plus vigoureuses.

Multiplication

Comme pour de nombreuses éricacées, la multiplication du zénobia n'est pas chose facile. Procédez de préférence par bouturage : sélectionnez des boutures d'une dizaine de centimètres de longueur sur des rameaux semi-aoûtés. Placez-les dans un mélange acide, léger et bien sableux. Une chaleur de fond facilitera l'enracinement, ainsi qu'une luminosité atténuée. Vous pouvez également faire des marcottes ; cette méthode est plus longue mais plus efficace pour les amateurs qui n'ont pas besoin de produire de nombreuses plantes.

ARBUSTE À FLEUR

LE ZÉNOBIA

A.DESCAT/MAP

Floraison en juin

L'ARBRE À PERRUQUE

Cotinus coggygria

***Cultivé à l'origine pour la beauté de ses couleurs d'automne, le* Cotinus *a conquis nos jardins avec ses curieuses fleurs en panicule lâche, d'aspect plumeux. Son nom, arbre à perruque, vient de cette particularité. On le connaît encore sous l'appellation* fustet.**

A. DESCAT/MAP

Rares sont les arbustes qui, comme l'arbre à perruque, se parent de feuilles d'un rouge aussi éclatant en automne.

Origine

L'arbre à perruque est originaire du centre et du sud de l'Europe. Il est connu depuis le XVIIe siècle (1656 environ). Le genre ne comporte que trois espèces, dont deux couramment cultivées dans les jardins : *Cotinus coggygria* et *C. obovatus* sont très proches quand elles sont jeunes, mais la deuxième espèce a un port plus dressé et une taille adulte plus importante.

Variétés

Les différences portent surtout sur le coloris des feuilles. En voici quelques-unes : *C. coggygria* 'Purpureus', feuillage vert, inflorescence purpurine ; *C. coggygria* 'Royal purple', feuillage pourpre très foncé, inflorescences rouges ; *C. coggygria* 'Rubrifolius', feuillage rouge très remarquable dans la lumière du soleil, inflorescences rose foncé ; *C. coggygria* 'Flame' (photo ci-dessus), variété difficile à trouver, souvent confondue avec le type mais ses couleurs d'automne sont plus marquées.

FICHE D'IDENTITÉ

Dimensions : on peut compter sur un étalement de 5 m et sur une hauteur identique lorsque l'arbuste est adulte. Des tailles régulières réduiront les dimensions. L'arbre à perruque est un bon sujet à isoler, à utiliser également dans les haies, même taillées.
Croissance : elle est d'abord rapide, puis ralentit avec la maturité.
Aspect : port dressé dans les premières années ; se ramifie ensuite abondamment. Les feuilles ovales ou arrondies sont vert glauque ou rouges avec de belles couleurs d'automne.
Floraison : généralement de couleur jaune, insignifiante car les fleurs sont petites. Elle intervient en juin ou juillet. C'est après la floraison que le *Cotinus* est le plus remarquable, ses fleurs se transformant en une masse plumeuse qui persiste jusqu'à la fin de l'été.
Fruits : bruns et ridés.
Sols : tous, même calcaire, à condition qu'il soit bien drainé. Évitez les sols trop acides.
Exposition : nécessairement ensoleillé pour de meilleurs résultats.
Résistance : l'arbre à perruque résiste au froid jusqu'à −15 °C. Il est parfois atteint par l'oïdium, notamment les formes à feuillage rouge ; une autre affection, la verticilliose, provoque le dépérissement des rameaux sans raison apparente. Difficile à réussir en pot et dans les jardins de la ville.

Plantation

Pour obtenir de belles couleurs, plantez votre arbuste en sol bien drainé et en situation ensoleillée. Les variétés à feuillage vert admettent l'ombre légère. Une bonne fumure est aussi indispensable, à la plantation comme en entretien, mais évitez des apports massifs d'azote qui nuiraient à la bonne coloration automnale ; préférez plutôt des engrais organiques ou des engrais à libération lente.

Taille

La floraison intervient sur des rameaux âgés de deux ou trois ans. Trois types de taille d'entretien sont possibles :

- supprimez les vieux bois et branches indésirables qui se chevauchent pour assurer une floraison petite mais régulière ;
- rabattez le sujet au niveau du sol pour le former au détriment des fleurs pendant deux ou trois ans mais avec une floraison magnifique vers la troisième année ;
- taillez chaque année les tiges de trois ans pour favoriser les floraisons futures, tout en permettant le développement régulier de nouveaux rameaux.

Multiplication

Le marcottage se pratique sur les longues pousses de l'automne, comme pour tout autre arbuste. Les plants ainsi obtenus sont séparés de la plante mère après une année. Les boutures sont prélevées avec un talon en fin d'été ou début d'automne. Placez-les dans un mélange de sable et de tourbe, sous châssis froid pour qu'elles s'enracinent. Le semis se fait également à l'automne dans les mêmes conditions que les boutures.

ARBUSTE À FLEUR

L'ARBRE À PERRUQUE

LAMONTAGNE

Floraison en juin-juillet

LE MARRONNIER D'ÉTÉ

Aesculus californica, A. pavia et A. parviflora

Le marronnier à floraison estivale est plus petit que les autres. Utilisez-le isolé, pour mettre en valeur ses panicules de fleurs surmontant la masse ronde du feuillage.

FICHE D'IDENTITÉ

Dimensions : 4 x 4 m à l'âge adulte, mais il mesure le plus souvent 2,5 x 2,5 m.
Croissance : elle est plutôt moyenne. La splendeur de cet arbuste est longue à se révéler.
Aspect : de nombreux rameaux partent directement du sol, comme un buisson. Le feuillage cache le bois et donne une forme ronde à l'ensemble. Belle couleur vert olive pour les folioles avec des reflets rouges. Le revers des feuilles est argenté.
Floraison : ce sont des panicules de fleurs blanches avec des étamines très visibles ; les fleurs sont parfois teintées de rose. Elles sont bien dégagées au-dessus du feuillage et donc très visibles pendant environ trois semaines.
Fruits : petits et de couleur gris brun. Ils sont rarement produits dans nos régions.
Sols : pas trop calcaire et suffisamment riche et frais pour permettre le plein développement de l'arbuste.
Climat : le marronnier d'été est particulièrement résistant au froid, qui supporte sans dégâts – 25 °C.
Exposition : le plein soleil est préférable mais il admet l'ombre sans problème. La coloration jaune du feuillage en automne est plus vive au soleil, mais une exposition brûlante endommagerait le feuillage.
Résistance : pas de problèmes particuliers. L'arbuste est parfois atteint par la maladies du black-rot et par la septoriose comme les autres marronniers. Il peut prospérer dans les jardins de ville mais est très mal adapté pour les terrasses, du fait de son mode de croissance.

Aesculus pavia ***'Atrosanguinea' possède des pétioles et des feuilles rougeâtres. Les fleurs en grappe rouge apparaissent au début de l'été.***

Origine

L'*Aesculus parviflora* et les autres espèces de marronniers d'été sont natives du sud-est des États-Unis : de Géorgie et d'Alabama. On les trouve en bordure de forêts, le long des torrents. L'introduction en Europe d'*A. parviflora* (voir photo p.17) remonte à 1785.

Espèces et variétés

Il n'y a pas de variétés chez l'*A. parviflora,* aux fleurs blanches avec de longues étamines. Vous pouvez préférer d'autres espèces de marronnier à floraison estivale : *A. pavia,* espèce à floraison rouge qui prend les dimensions d'un petit arbre mais qui fleurit au mois de juin. Les deux principales variétés sont *A. pavia* 'Atrosanguinea', à fleurs rouge foncé, et *A. pavia* 'Humilis', à croissance lente. *A. californica* est une autre espèce assez rare qui fleurit au mois de juillet, ses fleurs sont blanches teintées de rose et parfumées, sa taille ne dépasse pas 6 m.

Plantation

Le marronnier préfère les sols frais, comme ceux de ses régions d'origine. Sa croissance est ralentie en sol sec. Il faudra donc bien choisir l'endroit de plantation et surtout arroser en cas de sécheresse. Une bonne fertilité du sol est conseillée, elle permettra une croissance régulière avec de nombreuses tiges qui donneront une belle silhouette. En sol riche et au soleil, on obtiendra des couleurs d'automne dans les teintes jaunes, qui prolongeront l'aspect décoratif de l'arbuste.

Taille

Aucune taille particulière n'est nécessaire. Chaque printemps, lorsque l'arbuste est assez fort, supprimez les branches mortes ou chétives. Gardez les rameaux situés sous la ramure qui portent des feuilles plus importantes que celles du sommet. Ils contribuent à rendre la silhouette harmonieuse et se remplacent d'eux-mêmes.

Multiplication

Le semis n'est guère fréquent car la production des graines n'est pas régulière. On multiplie donc le marronnier d'été par marcottage ; il est facilité par une émission de drageons abondante. Les marcottes seront sevrées du plant mère après un an au minimum de culture.

ARBUSTE À FLEUR

LE MARRONNIER D'ÉTÉ

N. ET P. MIOULANE/MAP

Floraison en juin ou juillet

LE CISTE

Cistus

Végétation naturelle du maquis et de la garrigue, le ciste nous vient des régions méditerranéennes. Admirez ses fleurs simples à la délicate texture, largement ouvertes face au soleil.

Cistus crispus *doit son nom aux ondulations du bord de ses feuilles.*

Origine

L'aire de répartition du ciste est le pourtour méditerranéen, le sud de l'Europe avec une prédilection pour le Portugal et l'Espagne et le nord de l'Afrique. On connaît le ciste depuis l'Antiquité, époque à laquelle on l'utilisait pour fabriquer le "ladanum", à la fois cosmétique et remède. On peut aussi rencontrer des cistes en Afrique du Sud : suite à des importations, ils ont trouvé des niches écologiques leur convenant et se sont implantés en grandes colonies.

Espèces et variétés

Le ciste est prolifique et s'hybride volontiers avec ses congénères. On dénombre une vingtaine d'espèces. Voici les sélections les plus courantes : *Cistus ladanifer,* aux fleurs blanches avec une tache brune à la base des pétales et au feuillage aromatique ; sa sélection blanche unie est *C. ladanifer albiflorus ; C. populifolius* compte parmi les plus rustiques, il a des fleurs blanches avec une tache jaune et un feuillage odorant ; *C. monspeliensis* vient de la région de Montpellier, ses fleurs sont blanches et son port ramassé ; *C.* x *purpureus* (photo p. 17), aux fleurs roses avec une tache marron ; *C.* x *skanbergii,* rose au port bien groupé ; *C. crispus,* petite espèce à fleurs carmin ; *C.* 'Silver Pink', obtenu en 1919, rustique avec des fleurs rose saumon et des feuilles vert grisâtre.

Plantation

Le ciste est idéal pour toutes les expositions brûlantes, les sols arides et pauvres. Il ne supporte pas l'humidité hivernale ni les sols frais. Veillez à un drainage parfait et évitez les arrosages intempestifs. Le plein soleil lui assure une bonne floraison et permet au feuillage aromatique de bien exhaler son parfum. Évitez les situations ventées au nord et à l'est, qui nuisent à la floraison voire à la rusticité de cette plante sensible aux transplantations.

Taille

Le ciste est très sensible à la taille : limitez-vous à la suppression des bois morts. Pincez les jeunes plants et les nouvelles pousses pour encourager les ramifications. En cas de dégâts dus au gel, retirez les parties abîmées.

Multiplication

Le semis est aisé car les plants produisent de nombreuses graines qui germent et fleurissent dès l'année suivant le semis. Pour obtenir la même plante, bouturez : en fin d'été, prélevez les boutures sur des rameaux de bois jeune d'environ 8 à 10 cm de longueur. Laissez-les prendre racine en godet individuel, dans un mélange de tourbe et de sable avec très peu d'humidité. Maintenez à 15 ^{0}C.

FICHE D'IDENTITÉ

Dimensions : entre 0,50 et 1,50 m de hauteur pour certaines espèces et autant en largeur.
Croissance : elle est moyenne et doit le rester. Évitez les apports d'engrais, surtout en fin d'été, ils provoquent des pousses tendres qui fragilisent les plantes en période hivernale.
Aspect : port buissonnant avec une tendance à l'affaissement sur les plants âgés que l'on contrarie par la taille. Le feuillage est semi-persistant à persistant, vert ou grisâtre.
Floraison : fleurs simples, solitaires ou en bouquet, elles peuvent atteindre une dizaine de centimètres de diamètre. Elles sont blanches, roses, pourpres avec ou sans marque jaune ou brune à la base des pétales et ont un aspect soyeux. Elles se succèdent pendant plus de deux mois.
Fruits : sans intérêt.
Sol : tous, bien drainés et caillouteux, même un peu calcaires.
Climat : selon l'espèce et la variété, le ciste ne résiste guère au froid au-delà de – 5 ^{0}C en conditions moyennes, en très bonnes conditions, – 8 ^{0}C.
Exposition : la plus ensoleillée possible, même en plein sud, mais à l'abri des vents hivernaux.
Résistance : pas de parasites spécifiques, surveillance classique des prédateurs du jardin. Assez bonne résistance à la pollution.

ARBUSTE À FLEUR

LE CISTE

A. SCHREINER

Floraison de juin à août

L'ARBRE AUX ANÉMONES

Calycanthus floridus

L'arbre aux anémones ou encore l'arbre Pompadour, en hommage à la favorite de Louis XV, sont les deux noms sous lesquels vous pouvez trouver le* Calycanthus floridus*, un arbuste assez peu répandu.

N. ET P. MIOULANE/MAP

Le feuillage se pare d'une jolie teinte cuivrée pendant l'automne.

Origine

Le calycanthus appartient à la famille des Calycanthacées. Originaire du Sud-Est de l'Amérique du Nord, l'arbre aux anémones fut introduit en Europe en 1726.

Espèces et variétés

Calycanthus floridus est le véritable arbre aux anémones. Il atteint 3 m de hauteur et son feuillage est gris et pubescent au revers. Les fleurs sont rouge brunâtre et fréquemment odorantes, elles mesurent environ 4 à 5 cm de diamètre. 'Purpureus' a de jeunes pousses teintées de rouge. *C. floridus* var. *lævigatus* est très proche de la précédente variété : son feuillage n'est pas pubescent, son port est plus ramassé et sa floraison plus rarement odorante. *C. occidentalis*, originaire de Californie, est l'espèce qui porte les plus grandes fleurs. Elles sont très parfumées, mais ont une vie de courte durée.

FICHE D'IDENTITÉ

Dimensions : 3 x 3 m, dans le meilleur des cas, mais il est souvent plus petit.
Croissance : elle est considérée comme moyenne, l'arbuste atteint sa taille adulte en dix ans environ.
Aspect : les branches dressées et ramifiées forment un arbuste à la silhouette arrondie. Le feuillage assez grand est grisâtre au revers, avec une belle couleur vert franc sur le dessus. Il dégage une légère odeur de camphre quand on le froisse.
Floraison : inhabituelle tant par le coloris que par la forme. Les fleurs étoilées sont rouges très foncées, presque brunes, et légèrement à fortement odorantes. Elles éclosent à l'extrémité des rameaux et ne s'ouvrent jamais complètement.
Fructification : elle n'a pas d'intérêt décoratif particulier et ne sert qu'à la multiplication de l'espèce .
Sol : tout bon sol de jardin, pas trop calcaire, suffisamment frais pour éviter de trop fréquents manques d'eau qui nuiraient au développement de l'arbuste. Paillez le sol.
Exposition : ensoleillée mais non brûlante, sinon choisissez une place à mi-ombre où l'arbuste trouvera davantage la fraîcheur nécessaire à son plein épanouissement.
Climat : il se cultive sous des climats où la température ne descend guère au-dessous de - 15 °C. Il supporte des températures plus basses pendant de courtes périodes.
Résistance : cet arbuste n'est pas un bon sujet pour les terrasses et les balcons. On ne lui connaît pas, à l'heure actuelle, de parasites spécifiques. Il peut perdre des branches entières lors des hivers rigoureux, taillez-les à leur base ; en cas d'exposition chaude et de sécheresse conjuguées, les feuilles sont parfois endommagées mais se renouvellent l'année suivante. Surveillez attentivement les arrosages.

Plantation

Le calycanthus demande un sol meuble et profond dans lequel il pourra s'enraciner sans problèmes et trouver l'humidité nécessaire à son développement. L'exposition qui lui convient le mieux est une place ensoleillée sans chaleur excessive, mais vous pouvez également le placer à l'ombre. Pour de bons résultats, évitez les sols très calcaires car il y est sensible. Assez gourmand il faudra régulièrement, deux fois par an, lui apporter une bonne fumure en évitant tout de même les excès d'azote.

Taille

Elle n'est pas vraiment indispensable et se limite à la suppression du bois mort et des branches disgracieuses, mal placées. Il faut s'abstenir de tailler d'autres branches car les jeunes rameaux ne fleurissent pas avant deux ou trois ans, voire plus. Si le sujet devient trop grand, on peut envisager une taille sévère en courant le risque de ne pas voir de floraison abondante pendant quelques années.

Multiplication

Vous pouvez utiliser le semis si le sujet cultivé donne des graines, mais celles-ci sont rarement assez mûres pour être viables et produire une descendance. Pour multiplier le calycanthus les méthodes les plus utilisées sont le bouturage et le marcottage. Prélevez des boutures de bois semi-aoûtées ou enterrez les rameaux courbés pour réaliser des marcottes ; vous devrez attendre deux ans avant de les séparer du pied mère.

ARBUSTE À FLEUR

L'ARBRE AUX ANÉMONES

A. DESCAT/MAP

Floraison de juin à août

LE LILAS DES INDES

Lagerstrœmia indica

Connu également sous les appellations de lilas d'été et de lagerose, le lilas des Indes est réputé pour la durée de sa floraison. Son nom scientifique vient de Magnus von Lagerstrom, un marchand suédois, ami du célèbre botaniste Linné.

LAMONTAGNE

Le lilas des Indes porte une écorce lisse marron gris dans son jeune âge qui s'exfolie par la suite.

Origine

Le lilas des Indes nous vient de Chine, d'Indochine, de la région de l'Himalaya et du Japon où il pousse spontanément dans des prairies en dessous de 300 m d'altitude. Son introduction en Europe remonte à 1759.

Variétés

Les nouvelles variétés sont généralement de création récente, en voici quelques-unes : *Lagerstrœmia indica* 'Rosea' possède des fleurs rose foncé ; *L. indica* 'Jeanne Desmartis'® convient plutôt pour de petites touffes, le coloris est rose Bengale ; *L. indica* 'Bergerac'® arbore un rouge magenta bien lumineux ; *L. indica* 'Kimono'®, à fleurs blanches, est très compact et bien florifère ; *L. indica* 'Yang Tsé'® présente un port dressé compact avec des fleurs cramoisies ; *L. indica* 'Monbazillac'®, à la floraison rose clair, est une variété remontante et précoce ; *L. indica* 'Soir d'été'®, sélection rose dragée, développe une floraison particulièrement longue, le port est relativement souple comparé aux autres variétés.

Plantation

Ce lilas demande une situation abritée et apprécie les endroits chauds surtout en été, ce qui favorise sa floraison. Mais il doit être protégé, notamment du vent et des courants d'air froid. Un emplacement contre un mur au sud est une très bonne solution.
Le sol doit être parfaitement drainé et de préférence pas trop riche car le lagerstrœmia est assez sensible aux excès de nourriture, le feuillage se développant au détriment des fleurs. Il supporte parfaitement la sécheresse et vient bien dans les sols argileux.

Taille

Si vous le cultivez en buisson, rabattez régulièrement les tiges de façon à provoquer l'apparition de nouvelles pousses. Pour la forme arbustive, il faut laisser se développer une tige bien droite et supprimer les ramifications jusqu'à obtention de la dimension souhaitée. Laissez ensuite la ramure croître librement.
La taille de floraison se pratique à la fin de l'hiver, en enlevant les deux tiers des rameaux de l'année précédente, les fleurs sont portées par les nouvelles pousses.

Multiplication

Le bouturage est la meilleure solution : prenez des morceaux de rameaux ligneux n'ayant pas fleuri et mettez-les soit sous châssis froid, soit avec une chaleur de fond en fonction de la saison.

FICHE D'IDENTITÉ

Dimensions : 3 m de hauteur sous forme de buisson, environ 6 m sous forme arbustive, l'étalement peut atteindre jusqu'à 4 m.
Croissance : elle très est lente, surtout si vous souhaitez obtenir une silhouette arbustive.
Aspect : belle écorce décorative qui se desquame avec plusieurs couleurs variant du marron clair, brun rosé, gris, voire rose, ce qui est un attrait supplémentaire. Les rameaux sont rigides et bien dressés avec un feuillage caduc, composé de petites feuilles aux pétioles courts, opposées et donnant de belles couleurs d'automne.
Floraison : les fleurs sont des inflorescences paniculées terminales ou latérales de couleur rose, pourpre ou, plus rarement, blanche. La floraison s'étale sur plusieurs semaines.
Fructification : les fruits sont sans grand intérêt décoratif.
Sols : tout bon sol, bien drainé même argileux et sec.
Exposition : impérativement au soleil et dans un endroit abrité pour obtenir une bonne floraison estivale.
Climat : doux, de préférence, bien que les variétés récentes supportent mieux le froid. Il faut éviter les températures inférieures à – 10 °C.
Résistance : il n'y a pas de parasites spécifiques, le lilas d'été supporte la pollution et peut se cultiver en pot sur les terrasses, mais uniquement dans les régions à climat doux.

ARBUSTE À FLEUR

LE LILAS DES INDES

A. DESCAT/MAP

Floraison de juin à octobre

L'ARBRE-AUX-PAPILLONS

Buddleja davidii

Parmi les fleurs de ce mois de juillet, chacun peut apprécier l'abondance de la floraison de l'arbre-aux-papillons. Les fleurs se dressent, bien dégagées au-dessus du feuillage, pourpres, violettes, blanches, jaunes ou bleues ; elles sont souvent parfumées et font la joie des papillons.

Les grappes de fleurs sont plus ou moins serrées selon les variétés.

Origine

L'introduction du *Buddleja davidii,* originaire de Chine, remonte aux années 1850. C'est un peu plus tard, vers 1890, que cet arbuste est devenu une vedette et que l'on a enregistré les premières variétés. Dans les catalogues, l'arbre-aux-papillons est présenté sous différentes orthographes : buddleia en français ou *Buddleja* en latin.

Variétés

Buddleja davidii est un arbuste à la descendance variable, ayant donné de nombreuses variétés. Voici notre sélection, elle comprend six variétés : *Buddleja davidii* 'Black knight', de couleur violet foncé, fait très bel effet sur un fond de feuillage panaché ou de feuillage gris. Les grappes mesurent 30 cm de longueur. *Buddleja davidii* 'Empire blue' donne des fleurs de couleur bleue intense, à gorge orangée. *Buddleja davidii* 'Île-de-France', d'une belle couleur violette, à gorge jaune, possède des épis floraux particulièrement longs. *Buddleja davidii* 'Harlequin' porte un feuillage panaché de crème et des fleurs rouges de petite taille. *Buddleja davidii* 'Nanho blue' est issu d'un croisement avec la variété naturelle nanhoensis, son port est étalé avec des tiges et des fleurs plus fines et réduites. *Buddleja davidii* 'White profusion' présente des fleurs blanches, très parfumées, comportant un petit œil jaune au cœur.

FICHE D'IDENTITÉ

Dimensions : jusqu'à 4 m de hauteur dans le meilleur des cas, mais le plus fréquemment, le buddleia mesure environ 3 m. L'étalement est équivalent chez les sujets non taillés.

Croissance : elle est très rapide, le buddleia est d'ailleurs un arbuste à durée de vie limitée mais la taille permet de la prolonger.

Aspect : le port est rigide, très droit lorsque le sujet est jeune, il tend à s'écarter avec l'âge. Les feuilles allongées sont de couleur vert foncé à gris, en fonction de la variété. Le revers est généralement gris ou vert clair.

Floraison : en grappes terminales composées de petites fleurs, généralement odorantes, de couleur violette, bleue, rose ou blanche. Les coloris sont brillants et l'odeur sucrée attire nombre de papillons.

Fruits : brunâtres, ils persistent une bonne partie de l'hiver sur les arbustes qui n'ont pas été nettoyés, mais la fructification n'a pas beaucoup d'attrait décoratif.

Sols : aussi bien acide que calcaire. Les meilleurs résultats sont obtenus en sol riche et bien drainé, cependant l'arbre-aux-papillons supporte une large gamme de terrains.

Exposition : de préférence au soleil, mais il est possible de le placer à l'ombre légère sans que la floraison en souffre.

Climat : il ne tolère guère les températures au-dessous de – 10 °C. Dans ces cas-là, les parties aériennes seront endommagées et la floraison sera beaucoup moins importante.

Résistance : considéré comme un arbuste à durée de vie limitée, il présente l'avantage de pousser rapidement et supporte bien l'atmosphère des villes. Le buddleia n'a pas de maladies ni de parasites spécifiques.

Plantation

Cet arbuste vient bien en tout sol, calcaire ou acide, à condition qu'il soit bien drainé ; surveillez effectivement le drainage dans les sols argileux. L'exposition idéale pour le buddleia est le plein soleil mais il peut également être placé à l'ombre très légère. On l'installera isolément ou en haie.

Taille

Il n'est pas indispensable de le tailler, toutefois c'est fortement conseillé si vous souhaitez obtenir de grandes fleurs qui apparaîtront sur les pousses de l'année, une fois le développement de celles-ci terminé. La taille aura donc lieu avant le départ de la végétation. Raccourcissez les pousses de l'année précédente à une dizaine de centimètres de leur base. Cela provoquera l'apparition de nombreux bourgeons qui donneront autant de fleurs l'été venu.

Multiplication

Pour multiplier le buddleia la méthode la plus utilisée est le bouturage. Prélevez des boutures de bois semi-aoûtées en fin d'été, ou des boutures de bois plus âgées dans le courant de l'hiver. Les résultats sont très satisfaisants.

ARBUSTE À FLEUR

L'ARBRE-AUX-PAPILLONS

LAMONTAGNE

Floraison de juillet à octobre

LE CÉANOTHE REMONTANT

Ceanothus hybride

Très apprécié pour sa floraison de printemps, le céanothe bien conduit refleurira en fin d'été. Les pépiniéristes offrent une palette de variétés aux coloris de bleu, rose et blanc et aux belles panicules de fleurs de différentes tailles.

Les fleurs de 'Gloire de Versailles' sont légèrement parfumées.

Origine

Il s'agit avant tout de variétés horticoles, résultat du travail de sélection et d'hybridation réalisé par les pépiniéristes.

Espèces et variétés

Voici les variétés à feuillage caduc les plus intéressantes. *Ceanothus* x *delilianus* 'Gloire de Versailles', l'un des plus connus. Floraison bleu clair de longue durée en panicules légères. Végétation vigoureuse, il atteint plus de 3 m de hauteur. *Ceanothus* x *delilianus* 'Henri Desfossé', bleu foncé un peu violacé, la végétation est plus modeste que celle du précédent. *Ceanothus* x *pallidus* 'Marie Simon', également connu, est une forme à fleurs rose tendre. *Ceanothus* x *pallidus* 'Perle rose', joli port, les fleurs sont rose carminé. Il ne dépasse pas 1,50 m de hauteur.

Et celles à feuillage persistant. *Ceanothus* 'Autumnal blue', fleurs bleu pâle à bleu de Chine en belles panicules. *Ceanothus* 'Burkwoodii', bleu brillant, de petite taille et moins rustique que les autres. *Ceanothus* 'Italian skies' (grande photo), ses fleurs sont bleu vif en mai, avec des inflorescences compactes.

FICHE D'IDENTITÉ

Dimensions : variable en fonction des espèces, de 3 m à 0,50 m pour des formes rampantes ou prostrées.
Croissance : moyenne à rapide, en effet elle varie selon les hybrides.
Aspect : la silhouette sera fonction de la culture, on peut les palisser, les planter en isolé ou en haie. Les feuilles sont de dimensions variables, plutôt petites chez les variétés persistantes avec une couleur foncée, plus grandes et plus claires chez les variétés caduques.
Floraison : les fleurs sont petites mais bien groupées en panicules, bleues, roses ou blanches. Elles commencent à se montrer en été (juillet) pour la majorité des variétés citées et remontent à l'automne (septembre et octobre). Elles sont appréciées des abeilles. La floraison dure environ deux semaines.
Fructification : elle est sans grand intérêt décoratif.
Sols : tout bon sol, bien drainé, riche, légèrement acide ou calcaire.
Exposition : c'est l'un des points primordiaux de leur culture, le soleil est indispensable dans la majorité des cas. Il faut également que l'exposition soit chaude pour obtenir de bons résultats. Une ombre très légère est possible.
Résistance : le céanothe supporte assez bien la pollution et il n'est pas rare d'en croiser dans les jardins de ville ou sur les terrasses si les bacs sont suffisamment importants. La rusticité est limitée, – 10 ° à – 12 °C pour la plupart des variétés remontantes à feuilles caduques. Celles à floraison printanière sont moins rustiques et ne résistent guère au-delà de – 8 ° à – 10 °C. La résistance au froid est souvent liée à l'exposition.

Plantation

Le sol doit être bien drainé, riche et profond pour permettre un bon enracinement et une pousse rapide des tiges. L'appui d'un mur bien au soleil est l'une des meilleures expositions pour réussir la culture du céanothe. Le sol sera de préférence acide, des signes de chlorose peuvent apparaître en sol calcaire, apportez alors un produit antichlorose.

Taille

Pour obtenir une bonne remontée du céanothe, la taille est importante. Sur les espèces à feuillage caduc et à la floraison d'été et d'automne, il faut tailler à une dizaine de centimètres des pousses de l'année précédente. Vous obtiendrez ainsi de nombreuses fleurs sur les rameaux issus de ces tailles. Pour les formes à feuillage persistant, il n'y pas de taille régulière, supprimez les fleurs du printemps par une taille courte. Pour garder de beaux arbustes, ne limitez pas leur développement, ils vieilliraient beaucoup plus vite sans pouvoir prendre une belle silhouette.

Multiplication

La méthode la plus facile est le bouturage, prélevez des boutures d'une dizaine de centimètres avec de préférence un "talon". Placez-les dans un mélange léger et drainé à une température d'environ 16 °C.

ARBUSTE À FLEUR

LE CÉANOTHE REMONTANT

P. PERDEREAU

Floraison de juillet à octobre

LE CLÉRODENDRON

Clerodendrum trichotomum et *C. Bungei*

Ces deux espèces peuvent être cultivées dans votre jardin. Cependant, elles sont différentes : alors que* C. trichotomum *est rustique,* C. bungei *craint facilement les gelées. Mais l'un et l'autre ont une floraison remarquable et odorante.

N. ET P. MIOULANE/MAP

Les fleurs de clérodendron forment de très beaux bouquets parfumés.

Origine

Le genre comprend quatre cents espèces environ, souvent natives de régions tropicales, certaines nécessitent l'abri d'une serre ou d'un intérieur. Le *Clerodendrum trichotomum* est originaire du Japon, de Corée et de l'est de la Chine. L'appellation un peu particulière vient du grec et signifie "arbre de la chance" en référence à certaines vertus médicinales que l'on attribuait à ces arbustes.

Espèces et variétés

Clerodendrum trichotomum var. *fargesii* possède des feuilles lisses et a une floraison opulente. *C. bungei* se cultive aussi dans les jardins avec succès ; il fleurit en fin d'été, sa taille ne dépasse pas un mètre de hauteur avec de nombreux drageons. Les fleurs sont des corymbes rose rougeâtre odorants, qui se détachent juste au-dessus de larges feuilles en forme de cœur. Cette espèce souffre facilement des gelées.

FICHE D'IDENTITÉ

Dimensions : *Clerodendrum trichotomum* atteint une hauteur de 3,50 à 4 m maximum sur une largeur presque identique. *C. bungei* est de plus petite taille, soit environ 1 m.

Croissance : lente pour *C. trichotomum* à tous les stades de sa vie. Pour *C. bungei,* la croissance est très rapide à tel point que l'on est parfois dans l'obligation de limiter son développement.

Aspect : une silhouette bien nette pour *C. trichotomum* avec une ramure bien dégagée, feuilles vert foncé avec des reflets pourpre. *C. bungei* produit des tiges droites sans ramification et forme plutôt un tapis. Les feuilles des deux espèces sont de grande taille.

Floraison : les fleurs sont grandes, regroupées en bouquets retombants de couleur blanche pour *C. trichotomum,* elles durent environ trois semaines. Celles de *C. bungei* sont en boules roses posées sur le feuillage. Les fleurs des deux espèces sont odorantes.

Fructification : très décoratif sur *C. trichotomum,* le fruit est bleu et reste entouré par le calice rouge vif. Sur *C. bungei,* les fruits sont sans intérêt.

Sols : sans exigence très marquée pour le sol, il faut veiller à un bon drainage et une certaine fraîcheur en même temps.

Exposition : au soleil pour les meilleurs résultats avec parfois de belles couleurs d'automne. Une ombre légère lui convient aussi.

Résistance : on ne lui connaît pas de parasites et maladies spécifiques. Le froid ainsi que les gelées de printemps sont à craindre pour les dégâts occasionnés sur les feuilles. L'air des villes ne lui convient guère et il forme rarement de beaux sujets en pot.

Plantation

Choisissez un emplacement abrité des vents et des courants d'air et, si possible, peu propice aux gelées de printemps car sa résistance au froid n'est pas très bonne. L'exposition devra être ensoleillée ou légèrement ombragée. Le sol sera riche en humus, bien drainé mais suffisamment frais car cet arbuste à grandes feuilles consomme beaucoup d'eau. Plantez-le en isolé : pour bien profiter de la silhouette adulte de *C. trichotomum* ou de *C. bungei* car il est très drageonnant. Plantation à l'automne ou au printemps avec des sujets en conteneur.

Taille

Il n'y a pas de taille régulière : en avril, supprimez les parties de plante endommagées par les gelées. Pour *C. bungei,* vous pouvez rabattre au niveau du sol, cela favorisera un beau feuillage et l'apparition de rameaux florifères. Les sujets âgés de *C. trichotomum* perdent naturellement les branches basses que vous pouvez couper dès les premiers signes de déclin, cette opération permet de mettre en valeur la silhouette de l'arbuste.

Multiplication

Le semis est possible pour les deux espèces mais le meilleur moyen de multiplier *C. bungei* est de prélever des stolons au printemps au moment où la végétation démarre. On peut aussi en diviser les touffes. *C. trichotomum* émet moins de stolons, multipliez-le de préférence par bouturage. Prélevez vos boutures sur des rameaux latéraux en août ou septembre. Placez-le sous châssis froid pour l'hiver, élevez-le en pépinière avant sa mise en place.

ARBUSTE À FLEUR

LE CLÉRODENDRON

N. ET P. MIOULANE/MAP

Floraison en août-septembre

L'ELSHOLTZIA

Elsholtzia stauntonii

L'elsholtzia, à la floraison étrange, est un arbuste peu utilisé. Les fleurs sont des panicules dressées de couleur rose pourpré, qui se dressent à l'extrémité des rameaux. Les étamines bien visibles dépassent de la corolle.

Origine

Les elsholtzias, dont il existe une trentaine d'espèces, sont originaires d'Asie, d'Europe et d'Afrique. Les espèces cultivées proviennent toutes d'Asie, et l'*E. stauntonii* vient du nord de la Chine. Le genre est dédié à Johann Sigismund Elsholtzia, un physicien allemand né en 1623. *E. stauntonii* est dédié à Sir George Staunton. L'introduction des elsholtzias en Europe est récente, ils ne sont connus que depuis 1909.

Variété

Elsholtzia stauntonii 'Alba' est une forme à fleur blanche, c'est la seule variété de cette espèce qui soit répertoriée.

Plantation

Les elsholtzias sont des arbustes de soleil, il faut les placer si possible au sud, car la culture à l'ombre ne donne rien, les plantes ne se "tiennent" pas et la floraison est inexistante. Le sol doit être riche et profond car l'arbuste renouvelle sa ramure pratiquement chaque année, il doit donc trouver tout ce qui lui est nécessaire. Prévoir en conséquence une bonne fumure de fond avec de la corne et de la poudre d'os. Ameublir au besoin avec un apport de terreau ou de tourbe qui permettront une meilleure rétention de l'eau. Il faut à tout prix éviter les sols calcaires, sous peine de chlorose prononcée. En effet, le calcaire empêche l'assimilation du fer et du magnésium par les racines de la plante, ce qui provoque le jaunissement prononcé du feuillage. Les autres sols conviendront.

FICHE D'IDENTITÉ

Dimensions : comptez 1,50 m à 1,80 m de hauteur pour 2 m d'étalement à l'âge adulte.
Croissance : elle est moyenne si l'on considère l'aspect final mais rapide sur une année car les tiges se renouvellent chaque saison.
Aspect : le port est plutôt dressé à l'état jeune, puis il tend à s'étaler avec une cime aplatie. Le feuillage est lancéolé et mesure environ une dizaine de centimètres de longueur. Les feuilles sont entières, légèrement dentelées et velues. Elles dégagent une agréable odeur de menthe et peuvent prendre de belles couleurs d'automne.
Floraison : ce sont des panicules (grappes) dressées à la façon des marronniers d'été, les fleurettes sont roses avec des étamines dépassant de la corolle.
Fructification : les fruits n'ont pas d'intérêt décoratif.
Sols : tout bon sol, ni trop calcaire ni trop sec.
Exposition : le soleil est nécessaire pour obtenir de bons résultats.
Climat : les elsholtzias résistent à des températures d'environ – 10 °C, il faut donc les placer dans des situations abritées si le climat de votre région est froid.
Résistance : on ne lui connaît pas de parasites spécifiques. Les aleurodes, attirés par le parfum de leur feuillage, les attaquent parfois. Il faut les surveiller comme toutes les plantes du jardin. Leurs exigences de sols n'en font pas de bons sujets pour la culture en pot.

Taille

L'arbuste fleurissant tard en saison, les tailles interviendront au printemps. Il s'agit surtout de nettoyer les bois encore présents après l'hiver. Rabattez au niveau du sol ce qui reste de végétation de l'année précédente pour favoriser les nouvelles pousses et donc la floraison.

Multiplication

Les elsholtzias se multiplient de différentes façons : par semis, à condition de se procurer des graines viables ; par bouturage ou par division de touffes.
Le bouturage se fait en début d'été avec des "boutures à talon". Évitez absolument le dessèchement du bois des boutures en maintenant une bonne humidité atmosphérique. La division des touffes peut se faire à l'automne ou au printemps, juste au départ de la végétation. Pratiquez des coupes bien nettes pour éviter les maladies et surtout n'oubliez pas de pailler le sol.

ARBUSTE À FLEUR

L'ELSHOLTZIA

A. SCHREINER

Floraison en septembre-octobre

LE CÉRATOSTIGMA

Cerastostigma willmottianum et *C. plumbaginoides*

C'est dans la grisaille de l'automne que le bleu cobalt des fleurs du cératostigma ressort le mieux. Son feuillage prend, à cette saison, de belles teintes jaunes et rouges qui contrastent avec les fleurs.

E. CRICHTON

***C. willmottianum* présente des pétales bleu pâle avec une base rouge.**

Origine

Le *Ceratostigma willmottianum* est originaire de la Chine de l'Ouest et du Tibet. On doit son introduction récente en Europe (1908) à Ernest Wilson qui remit à Miss Ellen Ann Wilmott des graines dont sont issues nos plantes actuelles.

Espèces

Il n'y a pas de variétés de *C. willmottianum*. Toutefois, les amateurs peuvent cultiver une autre espèce *(C. plumbaginoides)* : un sous-arbrisseau qui émet des tiges annuelles. Sa taille est plus réduite, de 20 cm à 50 cm, et sa rusticité est plus importante.

Plantation

Cet arbuste apprécie aussi bien les sols raisonnablement humides que les sols secs. Cependant, ils devront être de préférence profonds et riches pour obtenir un bon développement du feuillage et une implantation rapide qui permettra de favoriser la résistance aux conditions climatiques. Il supporte les sols argileux qui peuvent limiter l'apparition des gourmands, assez fréquents chez cet arbuste. Choisissez un endroit bien abrité pour accroître sa résistance au froid hivernal. Utilisez-le en isolé ou dans les massifs en le plaçant ni trop en avant ni trop en arrière, afin de bien le mettre en valeur.

FICHE D'IDENTITÉ

Dimensions : à l'âge adulte le cératostigma ne dépasse pas un mètre de hauteur pour un étalement équivalent.
Croissance : rapide, toutefois le sujet montre parfois des difficultés de reprise et de résistance au froid durant sa jeunesse.
Aspect : sa forme est celle d'un buisson avec de nombreuses tiges peu ramifiées, la couleur des tiges adultes est brune, verte chez les jeunes pousses. Le feuillage caduc mesure environ 4 à 5 cm de longueur. De couleur vert foncé, il est parfois teinté de rouge à la belle saison, puis il prend ses couleurs d'automne qui sont dominées par le jaune et le rouge.
Floraison : d'un bleu remarquable à cette saison, les fleurs possèdent cinq pétales et un petit cœur discret d'étamines jaunes. Elles apparaissent, le plus souvent solitaire ou plus rarement en bouquet. Elles commencent à fleurir en été pour finir avec les premières gelées.
Fructification : elle existe mais elle est sans intérêt pour le décor du jardin.
Sols : riches et profonds, bien drainés avec une tendance calcaire.
Exposition : le soleil est indispensable pour obtenir un bon développement de la plante, une floraison remarquable et de belles couleurs d'automne.
Résistance : il faut bien choisir son site de plantation, le cératostigma est un peu sensible au froid surtout dans ses jeunes années ; établi, il peut supporter des températures de l'ordre de – 10 °C. Il convient pour les zones chaudes et les terrasses, dans la mesure ou les contenants sont assez grands. Il n'a pas de parasites spécifiques mais surveillez l'apparition des prédateurs habituels.

Taille

Pour renforcer la rusticité du cératostigma, une taille est nécessaire. Rabattez en fin d'hiver ou au début du printemps toutes les tiges au niveau du sol. Cette taille stimulera le développement des nouvelles pousses et vous supprimerez ainsi les tiges qui n'auront pas résisté à l'hiver. Dans les climats doux, les tailles ne sont pas nécessaires, il faut même envisager de les limiter, afin que l'arbuste prenne davantage d'ampleur.

Multiplication

La méthode la plus répandue est le bouturage. Prélevez des morceaux de rameaux semi-ligneux en été et placez-les dans un mélange composé pour moitié de tourbe et de sable pour qu'ils s'enracinent, avec si possible une chaleur de 16 ° à 18 °C. Ensuite, mettez les boutures en godet individuel et hivernez-les à l'abri du froid, en serre ou sous châssis.

ARBUSTE À FLEUR

LE CÉRATOSTIGMA

Floraison de septembre à la mi-novembre

L'ÉLÉAGNUS

Elæagnus x *ebbingei*

Discrète par sa taille et cachée par le feuillage, la floraison de l'*Elæagnus x ebbingei *sait pourtant se faire remarquer par son puissant parfum en octobre ou novembre. Un arbuste intéressant pour la persistance de son feuillage.

LAMONTAGNE

E. x ebbingei *a peu de fruits, et il faut lui préférer* E. pungens *ou* E. macrophylla *pour profiter d'une fructification décorative.*

Origine

Cet arbuste est en fait né d'un croisement entre deux espèces : *Elæagnus macrophylla* et *Elæagnus pungens*. Sa création remonte à l'année 1929. Il fut nommé ainsi en l'honneur d'un pépiniériste hollandais JWE Ebbinge qui, à l'époque, officiait à Boskoop. On situe son origine géographique en Asie, au Japon et en Corée, ce qui lui vaut son adaptation en bord de mer.

Variétés

Elæagnus x *ebbingei* 'Gilt edge', aux feuilles ourlées de jaune d'or, est une variété réputée, récompensée de nombreuses fois. Sur la variété *Elæagnus* x *ebbingei* 'Limelight', les feuilles sont marquées de jaune et de vert pâle seulement en leur milieu. La coloration n'est pas immédiate, elle apparaît petit à petit. Cette forme est susceptible de reprendre sa couleur initiale verte, sans trace d'autres colorations.

FICHE D'IDENTITÉ

Dimensions : l'éléagnus atteint environ 3 m de hauteur pour un étalement équivalent à l'âge adulte.
Croissance : rapide à moyenne en fonction des conditions de culture.
Aspect : les jeunes tiges sont plutôt dressées et deviennent denses et très anguleuses en vieillissant. Le port est à considérer en fonction des variétés, il peut être buissonnant ou bien dressé. Le feuillage, outre sa persistance, présente la caractéristique d'avoir la face inférieure grise et la face supérieure vert foncé.
Floraison : très discrète voire minuscule, les fleurs signalent leur présence par leur puissant parfum car elles sont en partie cachées par le feuillage. La floraison dure plusieurs semaines entre début octobre et fin novembre, selon les régions. Le coloris est assez particulier, un blanc d'aspect cireux qui le fait paraître gris argenté.
Fructification : les fruits sont insignifiants et sans intérêt décoratif.
Sols : pas d'exigence particulière, veillez tout de même à ne pas le planter dans des sols trop calcaires, trop secs ou trop humides.
Exposition : le soleil est nécessaire pour obtenir de meilleurs résultats, vous pouvez à la rigueur le placer à la mi-ombre, mais pas trop, ce qui pourrait nuire au port de l'arbuste.
Résistance : certains rameaux meurent parfois, ce problème est souvent lié à la nature du sol et à la perte de racines provoquée par l'excès ou le manque d'eau. Surveillez le retour à la forme première des variétés panachées, en supprimant les rameaux verts. Traitements habituels contre les parasites classiques du jardin.

Plantation

Peu exigeant, il s'adapte à de nombreux sols s'ils ne sont pas trop secs. Le calcaire ne le rebute pas. Vigoureux, il apprécie des apports d'engrais. La persistance de son feuillage permet de l'utiliser en haies, même taillées. Dans ce cas, espacez les sujets de 60 à 80 cm, taillez-les de moitié pour favoriser la ramification des plants.

Taille

Elle vise à maintenir une silhouette harmonieuse : réduisez alors les pousses les plus vigoureuses des deux tiers pour encourager le port arbustif. En juin, taillez les sujets cultivés en haies, en ramenant les plantes à la hauteur désirée. Si les branches sont très vigoureuses, il est possible de retailler en septembre. Supprimez toutes les pousses vertes apparaissant sur les variétés panachées, sous peine de voir les plantes reprendre petit à petit leur couleur originelle.

Multiplication

Le mode le plus rapide est le bouturage. Prélevez des boutures sur des rameaux de l'année en cours d'aoûtement, au milieu de l'été. Placez ces boutures longues d'une dizaine de centimètres dans un mélange léger, sous châssis froid. Au printemps, plantez les boutures enracinées en pots individuels ou en pépinière pour les élever jusqu'à leur mise en place.
Le semis est également possible. Mais pour les variétés ayant un feuillage panaché, le résultat sera différent de celui du porte-graine.

ARBUSTE À FLEUR

L'ÉLÉAGNUS

N. ET P. MIOULANE/MAP (ELÆAGNUS X EBBINGEI 'GILT EDGE')

Floraison d'octobre à novembre

LE NÉFLIER DU JAPON

Eriobotrya japonica

Le néflier est un grand arbuste ou un petit arbre fruitier, appelé aussi bibacier. Il fleurit en ce moment, mais ne fructifiera pas dans les régions à hiver froid. C'est également un bel arbuste d'ornement au feuillage persistant.

Si les fleurs ne gèlent pas, un bibacier adulte produit plus de 10 kg de fruits, à cueillir à complète maturité.

Origine

La Chine et le Japon sont les contrées d'origine des néfliers, leur introduction en Europe remonte à l'année 1797. Dans les régions douces de ces pays, ils sont cultivés pour leurs fruits. Ils font partie de la grande famille des Rosacées. Son nom le plus fréquent est "loquat" mais il en existe d'autres comme bibacier à La Réunion.

Variété

Il existe des formes horticoles dans les pays producteurs, la sélection a porté sur les qualités gustative et quantitative des fruits. En France, une seule variété est disponible pour les amateurs : 'Tanaka', sélection japonaise dont les fruits ont une chair couleur abricot qui contient très peu de pépins.

FICHE D'IDENTITÉ

Dimensions : la hauteur adulte peut atteindre environ 8 m mais l'arbre dépasse rarement 5 m.
Croissance : elle est lente, il faut choisir une situation protégée.
Aspect : le tronc est tortueux, la cime arrondie. Les feuilles sont grandes, coriaces, vert foncé sur leurs faces supérieures et couvertes d'un duvet roussâtre sur la face inférieure.
Floraison : fleurs blanc crème, réunies en grappe, à l'extrémité des rameaux qui apparaissent à l'automne et se poursuivent jusqu'en décembre-janvier, dans la mesure où les températures sont clémentes. Elles dégagent une odeur marquée proche de la senteur des amandes.
Fructification : les fruits, appelés bibaces sont orange ou jaunes et contiennent de un à quatre gros pépins. Ils murissent au printemps et s'écrasent facilement. Leur pulpe est sucrée, légèrement acidulée. Ils se conserveront plus longtemps si vous les cueillez avec leurs pédoncules.
Sols : de bonne qualité, une terre franche et bien drainée même avec un peu de calcaire.
Exposition : aussi bien pour la floraison que pour la fructification, il est absolument nécessaire de placer les néfliers au soleil.
Résistance : la plante en elle-même peut résister sans soucis jusqu'à – 15 °C, mais les températures ne doivent pas descendre en dessous de – 3 °C lors de la floraison et de la nouaison, pour les variétés classiques. Pour les parasites faites attention aux attaques de cochenilles qui peuvent envahir les branches. Il résiste bien au vent et à la sécheresse.

Plantation

Il est préférable de leur offrir un sol de bonne qualité avec un drainage parfait, il supporte le calcaire sans problème. L'exposition devra être la plus ensoleillée possible pour favoriser la formation des fruits et leur maturité. Pour permettre une bonne floraison, choisissez une situation protégée, d'autant plus si les gelées sont précoces dans votre région. L'appui contre un mur orienté au sud est idéal.

Taille

Laissez les bibaciers prendre une forme naturelle pour profiter de leur silhouette décorative. Sur les arbres destinés à l'ornement, taillez en fonction de la forme souhaitée et supprimez les branches mortes ou croisées qui nuisent à l'esthétique. Dans les régions douces où les floraison et fructification sont fréquentes il n'est pas rare de voir des néfliers du Japon formés en gobelet. Taillez les rameaux ayant porté des fruits. La fructification intervient à partir de la 5e année de culture.

Multiplication

Comme pour beaucoup de fruitiers la multiplication des néfliers n'est pas toujours aisée. Le semis est la méthode la plus facile mais aussi la plus longue pour l'obtention de fruits peu intéressants. Pour obtenir de meilleurs résultats, il faut greffer les arbres. Les porte-greffes utilisés sont les francs (semis de pépins), le cognassier et l'aubépine. La greffe s'effectue en écusson à l'automne. Le bouturage et le marcottage peuvent se pratiquer.

ARBUSTE À FLEUR

LE NÉFLIER DU JAPON

P. PERDEREAU

Floraison de novembre à janvier

LE MAHONIA

Dans la nature, certaines espèces mesurent de 5 à 10 m mais chez vous, les mahonias ne dépassent pas les 3 à 4 m. Ils enchantent, dès l'automne, les jardins de leurs brillants épis de fleurs jaunes. Grâce à leur feuillage persistant, ces arbustes embelliront votre environnement toute l'année.

Si des taches foliaires noirâtres apparaissent à la suite d'attaques de champignons, traitez avec un fongicide systémique.

Origine

Le mahonia nous vient d'Asie mais aussi d'Amérique, on en connaît quelque 70 espèces dont seulement 4 à 5 sont couramment cultivées en Europe. Cet arbuste doit son nom à Bernard Mac Mahon, horticulteur nord-américain décédé en 1816.

Espèces et variétés

● *Mahonia x media* 'Charity' : obtenu par croisement entre *M. japonica* et *M. lomariifolia* allie la rusticité du premier et la grâce du second. Les feuilles atteignent jusqu'à 50 cm avec des dents épineuses. Les fleurs odorantes sont bien dressées au-dessus du feuillage jusqu'à leur plein épanouissement puis s'inclinent vers le sol.

● *Mahonia japonica* : un des parents du précédent. Le feuillage est légèrement différent, d'une couleur plus verte, les fleurs sont également jaunes et s'inclinent vers le sol dès leur apparition ; on dit qu'elles sentent le muguet. Il est souvent appelé à tort *M. bealei* qui, bien que proche, est une espèce différente.

● *M. lomarifolia* : à réserver aux climats doux, est à floraison hivernale de janvier à mars.

FICHE D'IDENTITÉ

Dimensions : à l'âge adulte il atteint rarement les 3 m de hauteur pour le *M. japonica*, 4 m pour le *M. x media* 'Charity'. En largeur, un sujet bien établi s'étalera sur 2 m.

Croissance : moyennement rapide.

Aspect : silhouette très dressée et presque sans branches latérales. Les feuilles sont composées persistantes, munies souvent d'aiguillons. En période hivernale, une coloration rougeâtre apparaît chez certaines espèces.

Floraison : les fleurs jaunes sont réunies en grappes à l'extrémité des pousses, bien dégagées au-dessus du feuillage, si elles sont dressées, ou lâches pour certaines espèces ; leur parfum discret et agréable rappelle celui du muguet ou du miel. Les fleurs apparaissent de novembre à mars.

Fruits : baies de couleur bleue ou noire en automne.

Sol : peu exigeant, il convient pour les endroits ingrats du jardin. Il tolère le calcaire mais à petite dose, il apprécie les sols frais, surtout les espèces à grand feuillage, mais sans excès. Un bon drainage est essentiel.

Climat : le mahonia rustique supporte les climats froids.

Exposition : ensoleillée ou mi-ombragée mais pas trop pour obtenir une floraison abondante.

Résistance : les ravageurs sont presque inexistants car le feuillage est très coriace. Par contre des maladies se rencontrent assez fréquemment :

• La rouille : moyens de lutte classiques.

• L'oïdium : surtout lors des périodes humides et chaudes, luttez préventivement et curativement, par pulvérisation de fongicides.

PHOTOS E. SVOBODA

Les feuilles sont coriaces d'un vert brillant, les fruits bleu-noir à complète maturité.

● *M. aquifolium* : c'est le mahonia à feuilles de houx. Les fleurs sont réunies en grappes compactes à l'extrémité des rameaux et s'épanouissent en fin d'hiver. C'est le plus tardif. Les feuilles d'un vert luisant sont épineuses.

Plantation

De préférence en automne, octobre-novembre ou sinon au printemps en mars-avril.

Taille

Taillez-le assez régulièrement afin de favoriser l'apparition de nouvelles tiges au niveau du sol. Laissez-les pousser jusqu'à un bon mètre de hauteur puis étêtez-les, de nouvelles pousses apparaîtront ; sur un sujet déjà muni de plusieurs tiges, vous pouvez les rabattre de moitié, vous le rajeunirez.

Multiplication

Prélevez en juin-juillet l'extrémité de rameaux et plantez-les dans un mélange léger pour qu'ils s'enracinent. Placez-les dans une serre froide pendant l'hiver et rempotez-les au printemps suivant. Plantez les jeunes mahonias obtenus à leur place définitive à l'automne.

ARBUSTES À FLEURS

LE MAHONIA

J. LE BRET

Floraison de novembre à mars selon les espèces

LE LAURIER-TIN
Viburnum tinus

Cet arbuste fréquente naturellement les lieux incultes de la région méditerranéenne. Au jardin, vous apprécierez sa floraison hivernale et son feuillage persistant. Vous pouvez le planter en haie ou en isolé. Parfois, lors des journées pluvieuses, certains amateurs vous diront que l'arbuste dégage une odeur "proche de celle du chien mouillé" mais cela ne ternit nullement ses mérites.

Comme la floraison s'étale sur près de 4 mois, les premiers fruits bleus accompagnent déjà les dernières fleurs de la saison, sur la même plante.

Origine

Il est natif du sud de l'Europe, plus particulièrement des régions méditerranéennes ; il est connu en Angleterre depuis le XVIe siècle. C'est devenu depuis un des arbustes à feuillage persistant les plus répandus.

Variétés

V. tinus 'Eve Price' : le port est plus compact que celui du type avec un feuillage plus petit, les fleurs sont aussi teintées de rose.

V. tinus 'Variegatum' : les dimensions de la plante sont plus réduites avec des feuilles bordées de blanc crème et des fleurs blanches. Cette variété est plus sensible au froid, il faut la réserver aux jardins de climat doux.

V. tinus 'Lucidum' : sélection plus tardive à fleurs plus grosses, le feuillage est aussi plus important. Également plus sensible au froid.

V. tinus 'Gwenllian' : d'introduction récente, cette variété semble promise à un bel avenir. Les boutons floraux sont plus foncés, les fleurs teintées de rose, le jeune bois est de couleur brun rougeâtre.

FICHE D'IDENTITÉ

Dimensions : il dépasse rarement les 3-4 ou 5 m, sauf dans les régions douces où il atteint 6 m et plus. La largeur est en général égale à la moitié de la hauteur.

Croissance : moyennement rapide.

Aspect : le port est dressé, buissonnant, un peu lâche sur les sujets âgés. La silhouette est arrondie avec un feuillage dense cachant la ramure. Les feuilles vert foncé brillant sont légèrement grisâtres au revers.

Floraison : dès novembre pour les premières et jusqu'en mars. Les fleurs se présentent sous la forme de larges têtes, roses à l'état de boutons, mais de couleur blanche à l'éclosion. Insensibles au froid, le gel hivernal ralentit leur épanouissement mais ne les endommage pas.

Fruits : baies de couleur bleu métallique qui noircissent à maturité, elles persistent longtemps sur l'arbuste ajoutant à son intérêt.

Sol : peu exigeant, il se contente de sols médiocres et même un peu arides, calcaires ou acides mais c'est en sol riche et profond qu'il donne les meilleurs résultats.

Climat : comme son feuillage est persistant, il faut éviter les situations froides et ventées, les courants d'airs. Les embruns ne lui font pas peur.

Exposition : il est très à l'aise au soleil, surtout si le sol est frais mais on trouve de très beaux sujets à mi-ombre généralement avec un feuillage moins dense que celui des sujets ensoleillés.

Résistance : généralement atteint par aucun parasite, la plante est parfois endommagée par les grands froids. Une taille des parties abîmées résout le problème dans la saison. L'arbuste est résistant à la pollution.

Le laurier-tin* 'Variegatum' *présente des panachures crème et dorée plus ou moins régulières. Il est plus sensible au froid que les variétés à feuilles vertes.

Plantation

Plantez-le en hiver, de novembre à mars lorsqu'il ne gèle pas. Préférez la plantation en conteneur de sujets d'âge moyen, les sujets plus développés mettent plus longtemps à manifester une bonne reprise.

Taille

Il n'y a pas de taille spécifique au laurier-tin, on le laisse se développer naturellement, enlevez seulement les parties devenues encombrantes ou disgracieuses. Dans tous les cas, taillez après la floraison de façon à laisser toutes les chances aux fleurs de la saison suivante. Vous pouvez rajeunir les sujets âgés en taillant les plus vieux bois par tiers, à la base ; en fonction du résultat on recommence l'année suivante : vous régénérerez ainsi l'arbuste fatigué en quelques années.

Multiplication

Prélevez des boutures à talon de 7 à 10 cm de long sur les pousses latérales, pendant l'été. Les planter dans un mélange de sable et de tourbe. Vous pouvez aussi marcotter les rameaux bas, en septembre, les séparer de la plante mère un an plus tard.

ARBUSTES À FLEURS

LE LAURIER-TIN

A. DESCAT/MAP

Floraison de novembre à mars

LE CERISIER À FLEUR D'AUTOMNE

Prunus subhirtella 'Autumnalis'

Le cerisier à fleur d'automne commence sa floraison blanche ou rose ce mois-ci ; elle se produira par intermittence en fonction du froid de la saison pour finir en avril. Cet arbuste est rustique et se cultive facilement.

A. DESCAT/MAP

'Autumnalis' fleurit pendant deux à trois semaines, selon les intempéries.

Origine

C'est le Japon, qui est le berceau des *Prunus subhirtella*, comme pour beaucoup de cerisiers à fleur. Il s'agit certainement d'un hybride très ancien car on ne retrouve pas de forme naturelle.

Variétés

Prunus subhirtella 'Autumnalis', est la variété la plus réputée, ses fleurs sont blanches. *Prunus subhirtella* 'Automnalis rosea', floraison rose, presque rouge. Ces deux formes sont les seules à fleurir dès l'automne. D'autres variétés existent mais elles s'épanouissent seulement au printemps : *Prunus subhirtella* 'Ascendens rosea', les rameaux ont un port assez lâche qui donne à l'arbre un aspect pleureur. *Prunus subhirtella* 'Fukubana' est une des formes les plus colorées dont les fleurs sont semi-doubles, d'un rose bien soutenu.

FICHE D'IDENTITÉ

Dimensions : 7 m environ de hauteur à l'âge adulte. L'étalement est fonction du type de greffage : plus large chez les arbres sans tronc principal, plus étroit chez les sujets greffés en tête.
Croissance : elle est considérée comme étant moyenne.
Aspect : le port est variable, soit buissonnant, soit plus dressé avec un tronc dégagé. Le feuillage est vert clair, de forme ovale avec quelques couleurs d'automne avant le début de la floraison. Utilisez ce prunus en isolé ou en bosquet, il peut constituer un bon arrière-plan pour les massifs de vivaces qu'il met en valeur à l'automne comme au printemps.
Floraison : les fleurs sont semi-doubles, de couleur blanche, parfois rosée, elles naissent sur les branches sans feuilles. Elles s'ouvrent entre novembre et avril en fonction de la température. Les rameaux coupés font de très beaux bouquets d'hiver.
Fructification : elle est sans aucun intérêt décoratif.
Sols : sans exigences particulières, cet arbuste supporte le calcaire.
Exposition : choisir une situation protégée, le soleil est indispensable, il permet un épanouissement plus important des fleurs en période froide.
Résistance : le cerisier à fleur n'a pas de problèmes de résistance au froid, il affronte sans dégâts des températures de –15 °C. Cet arbuste est à déconseiller tant pour la culture en pot qu'en terrasse. Les oiseaux peuvent dévorer ses bourgeons pendant l'hiver. On ne lui connaît pas de maladies ou de parasites spécifiques.

Plantation

Les cerisiers d'ornement s'adaptent à de nombreux types de sols, l'emplacement choisi ne doit pas sécher ni être détrempé en hiver. Le calcaire ne les dérange pas et pour obtenir un bon résultat, apportez une fumure de fond à la plantation puis une fumure d'entretien tous les ans, à l'automne.

Veillez à ne pas endommager les racines proches de la surface, en travaillant le sol. Les plantations d'automne sont préférables car le sol est encore chaud et l'émission de nouvelles racines en sera facilitée. Les jeunes plantes ont toujours un aspect chétif, il faut attendre deux à trois saisons pour obtenir un sujet plus développé.

Taille

Il n'y a pas de taille régulière nécessaire. Si vous devez le faire, intervenez après la floraison ou en fin d'été, période à laquelle l'arbuste souffrira le moins.

Multiplication

Le greffage est le plus sûr des moyens. Il s'effectue soit à œil poussant au printemps, soit à œil dormant à l'automne, sur un franc de merisier. Pour les jardins d'ornement, une greffe en écusson haute tige est souhaitable. Les greffes en fente sont réservées pour obtenir des arbustes qui se ramifient dès la base. Si vous opérez par bouturage les sujets ne deviendront pas très vigoureux. Le semis de graines de *Prunus subhirtella* 'Autumnalis' donnera des plants qui fleuriront au printemps.

ARBUSTE À FLEUR

LE CERISIER D'AUTOMNE

J.-C. MAYER - G. LE SCANFF

Floraison de novembre à avril

LE JASMIN NUDIFLORE

Jasminum nudiflorum

Jasmin nudiflore est le vrai nom du jasmin d'hiver parce que ses fleurs apparaissent en l'absence du feuillage sur les rameaux nus, pendant la période de repos de la plante. Sa généreuse floraison hivernale, d'un beau jaune brillant, ne passe pas inaperçue, mais ses fleurs ne sont pas odorantes.

A. CARRARA/JACANA

Les fleurs apparaissent tout le long des jeunes rameaux avant que ne pointent les feuilles.

Origine

Le jasmin nudiflore est originaire de l'ouest et du nord de la Chine, il fut introduit en 1844 en Europe par Robert Fortune. On pense que tous les sujets présents dans nos jardins seraient issus des plants importés à cette époque.

Variétés

Le jasmin d'hiver est une espèce extrêmement stable et comporte en conséquence très peu de variétés. Cette stabilité s'explique par le fait qu'il ne produit pratiquement pas de graines.

J. nudiflorum 'Aureum' porte un feuillage jaune, utile pour éclairer les zones sombres du jardin. Il faut noter sa forte tendance à retourner au type vert.

J. nudiflorum 'Nanum' est une forme naine à croissance lente ne dépassant pas les 60 cm, employée surtout en couvre-sol.

FICHE D'IDENTITÉ

Dimensions : 3 x 4 m à l'âge adulte, il peut dépasser le support de culture de 1 m et plus.

Croissance : la hauteur adulte est atteinte en une dizaine d'années. La pousse est d'abord rapide puis elle ralentit pour devenir lente.

Aspect : les tiges sont de petit diamètre et de section carrée, non ramifiées. Elles ont une belle couleur vert foncé très remarquable qui met en valeur la floraison. Les feuilles sont réunies par 3 et ne dépassent pas 2 cm de longueur et 0,5 cm de largeur, elles sont discrètes et peu nombreuses.

Floraison : hivernale, elle se compose de fleurs solitaires de couleur jaune d'or à 6 pétales, qui apparaissent sur le bois du printemps à l'aisselle des feuilles caduques. Elles ne sont pas odorantes.

Fruits : insignifiants, voire inexistants.

Sol : il faut maintenir un bon drainage ; peu exigeant, il admet les sols pauvres et autant acides qu'alcalins.

Climat : c'est le plus rustique des jasmins, il supporte sans souci – 15 °C. On peut le planter sans aucun risque presque partout en France mis à part en altitude.

Exposition : aussi bien au soleil qu'à la mi-ombre. Tolère également une ombre plus forte s'il n'est pas placé sous d'autres plantes.

Résistance : bonne adaptation à la pollution. Sur les boutons et les fleurs ayant subi les dégâts du gel, des attaques de botrytis sont à craindre. Surveiller les plantes après les froids et retailler sur des parties saines en cas d'une éventuelle attaque.

Plantation

Bien rustique, ce jasmin peut être planté presque partout, sauf en altitude, que ce soit au Nord ou à l'Est pour garnir un mur. Évitez-lui les courants d'air de l'hiver qui pourraient endommager les fleurs ou les boutons. Après un fort coup de froid, les boutons abîmés sont souvent remplacés par de nouveaux boutons qui s'épanouissent dès que le temps le permet.

Recourez à un support — de type treillage, clôture, pilier, mur ou arbre — si vous souhaitez mener votre jasmin comme une grimpante. Vous pouvez lui laisser prendre sa forme naturelle, ses tiges se courberont alors vers le sol. Plantez des sujets en conteneurs de 80 à 100 cm que vous trouverez sans difficulté à l'automne ou au printemps.

Taille

De croissance lente, le jasmin d'hiver nécessite peu de taille ; on peut cependant couper, après la floraison, les tiges ayant fleuri en les rabattant au niveau du sol. Sur les sujets bien établis, taillez plus sévèrement en supprimant jusqu'à un tiers des tiges florales pour favoriser les repousses et les futures floraisons, et ce, chaque année.

Multiplication

Bouturage et marcottage permettent de multiplier ce jasmin. Prélevez en août/septembre des boutures de têtes semi-aoûtées à placer sous châssis froid dans un mélange léger et bien drainé, composé de tourbe et de sable. Les marcottes se pratiquent en septembre/octobre et demandent une année pour s'enraciner correctement.

ARBUSTE À FLEUR

LE JASMIN NUDIFLORE

P. PERDEREAU

Floraison de décembre à février

LE CHÈVREFEUILLE D'HIVER

Lonicera fragrantissima et *L. standishii*

Moins connus que les chèvrefeuilles grimpants, il existe des chèvrefeuilles arbustifs dont certains fleurissent en hiver. Leurs fleurs blanches sont délicieusement parfumées et embaumeront vos massifs pendant quelque trois semaines.

FICHE D'IDENTITÉ

Dimensions : 2 à 3 m de hauteur pour *L. fragrantissima,* un peu moins pour *L. standishii.* Il est préférable de les tailler régulièrement pour maintenir un volume raisonnable.

Croissance : elle est moyenne et ralentit avec l'âge. Les tailles lui sont favorables et rajeunissent le sujet.

Aspect : la forme générale est celle d'un buisson au port arqué dont les rameaux s'inclinent presque jusqu'au sol. Elle peut être modifiée par la taille ou le palissage. Le feuillage est en partie persistant, et ce en fonction de la rigueur du froid de la saison. Les feuilles ovales, vert moyen avec un revers très légèrement grisâtre, ne garnissent pas toujours régulièrement les branches, ce qui donne parfois un aspect particulier au sujet.

Floraison : les fleurs blanches durent environ trois semaines. Elles apparaissent principalement à partir de décembre et s'épanouissent plus ou moins régulièrement tout au long de l'hiver, selon les températures, sur les rameaux les moins feuillés.

Fructification : peu fréquente, il s'agit de baies rouges. Elles sont présentes sur la plante en fin de printemps.

Sols : sans exigences particulières, il supporte la sécheresse et aussi les sols pauvres.

Exposition : il a une préférence marquée pour la mi-ombre mais ne fuit pas le soleil, s'il n'est pas trop brûlant.

Résistance : surveillez l'apparition des parasites habituels du jardin et les attaques d'oïdium relativement fréquentes chez le chèvrefeuille.

Origine

Lonicera fragrantissima et *L. standishii* viennent de Chine, on pense que leur arrivée en Europe remonte vers 1845. Ils auraient été ramenés par le botaniste Robert Fortune. Le nom de genre est dédié à Adam Lonitzer, naturaliste allemand qui vécut entre 1528 et 1586.

Espèces et variétés

Lonicera fragrantissima, fleurs blanc crème extrêmement parfumées de 2 cm de longueur.

Lonicera standishii, très proche du premier mais ses fleurs résistent moins longtemps en vase et son parfum est moins marqué.

Lonicera x *purpusii* (notre photo), il s'agit d'un hybride entre *L. fragrantissima* et *L. standishii.* Il a hérité de la vigueur et d'une bonne floraison de décembre à février surtout pour la variété 'Winter beauty'.

Plantation

Les chèvrefeuilles arbustifs demandent moins de soins que les grimpants, car ils supportent relativement bien des sols plus ingrats. Veillez tout de même à leur procurer un bon drainage, car plus que la sécheresse c'est l'excès d'humidité qui risque de leur nuire. Toutes les expositions sont possibles, à mi-ombre, sous le couvert de grands arbres, dans de petits bosquets, ou encore à l'ombre. Ils supportent également le plein soleil même sans arrosage. Aucun besoin spécifique quant à l'acidité ou l'alcalinité du sol.

Taille

Il n'y a pas de taille particulière pour obtenir la floraison. Les fleurs apparaissent sur les rameaux qui se développent durant le printemps ou à la fin de l'été. Contentez-vous de limiter la croissance en taillant en priorité les branches ayant déjà fleuri. Une taille sévère de l'ensemble de la plante favorisera les nouvelles pousses et la floraison de l'hiver suivant, bien sûr effectuez cette taille au printemps pour obtenir de meilleurs résultats.

Multiplication

Marcottage et bouturage sont les meilleurs modes de multiplication pour le chèvrefeuille. Prélevez des boutures semi-ligneuses en fin d'été, en juillet ou en août, comportant au minimum trois yeux. Placez ces boutures sous châssis froid, dans un mélange de tourbe et de sable pour favoriser l'enracinement. Au printemps, une fois les racines établies, placez-les en pots individuels et continuez la culture jusqu'à l'automne. Plantez alors les jeunes plants à leur place définitive.

ARBUSTE À FLEUR

LE CHÈVREFEUILLE D'HIVER

P. PERDEREAU

Floraison de décembre à mars

CARNET D'ADRESSES

Fragrance : La Jugnon, 71800 Vauban.
Tél. 85.25.89.58. Fax 85.25.96.07.

Pépinières Derly : BP 3, RN 14, 27420 Les Thilliers-en-Vexin.
Tél. 32.55.60.21. Fax 32.55.69.13.

Pépinières Adeline : Route d'Herry, 18140 La-Chapelle-Montlinard.
Tél. 48.79.51.51. Fax 48.79.50.01.

Pépinières Allavoine : Route Nationale 446, rue Charles-de-Gaulle, 78350 Jouy-en-Josas.
Tél. 39.53.08.96. Fax 39.50.87.55.

Pépinières Botanique Jean Thoby : Château de Gaujacq, 40330 Gaujacq.
Tél. 58.89.24.22. Fax 58.89.06.62.

Pépinières Charentaises : 16310 Montembœuf.
Tél. 45.65.02.61. Fax 45.65.14.40.

Pépinières Côte-Sud-des-Landes : Route départementale n° 12, 40230 Saint-Geours-de-Maremne.
Tél. et Fax 58.57.33.30.

Pépinières Daniel Bastard : "Frébeau", 49600 Saint-Philbert-en-Mauges.
Tél. 41.55.23.75. Fax 41.55.29.41.

Pépinières de Kerfandol : Locuon, 56160 Ploerdut.
Tél. 97.39.44.56. Fax 97.39.44.91.

Pépinières et Paysages Rhône-Alpes : 3549 Route de Paris, 01440 Viriat.
Tél. 74.25.36.55. Fax 74.25.12.61.

Pépinières Saint-Joseph : Abbaye Notre-Dame, Autrey, 88700 Rambervillers.
Tél. 29.65.93.01. Fax 29.65.95.67.

Plantymen : Penquelen, 56530 Queven.
Tél. 97.65.99.76. Fax 97.65.03.46.

Crédits photos
M.-P. Boisson : pp. 6 ; A. Carrara/Jacana : pp. 60 ; E. Chrichton : pp. 14d, 48 ; A. Descat/MAP : pp. 8d, 9, 16g, 22d, 26, 29, 30, 32, 37, 39, 57, 58 ; C. Favardin/Jacana : pp. 25 ; J.-P. Ferrero/Jacana : pp. 10 ; A. Guerrier/Colibri : pp. 20 ; Lamontagne : pp. 12, 13, 16d, 22g, 31, 34, 38, 41, 49, 50 ; J. Le Bret/Rustica : pp. 8g, 55 ; J.-C. Mayer - G. Le Scanff : pp. 27, 59 ; N. et P. Mioulane/MAP : pp. 24, 28, 33, 36, 42, 44, 45, 51, 56g et d ; P. Perdereau : pp. 7, 11, 15, 17, 19, 43, 53, 61, 63 ; H. Reinhard/Slide : pp. 40 ; A. Schreiner : pp. 14g, 21, 23, 35, 47, 52 ; E. Svoboda : pp. 54g et d ; M. Viard/Jacana : pp. 18.
Couverture : photo. Annette Schreiner; maquette : Gérard Dumas

ISBN : 2-84038-086-2
N° d'éditeur : 48064
Dépôt légal : avril 1995

Achevé d'imprimer en Septembre 1997
sur les presses de Publiphotoffset, 93500 Pantin